Dr. André Uzulis | Gabriele Steinicke

ZUM ENTDECKEN UND GENIESSEN

360° medien

IMPRESSUM

Eifel
50 MIKROABENTEUER ZUM ENTDECKEN UND GENIESSEN
Dr. André Uzulis | Gabriele Steinicke

Nachtigallenweg 1 | 40822 Mettmann

Redaktion und Lektorat: 360° medien

Satz und Layout: Elke Gräfe

Gedruckt und gebunden:
LD Medienhaus | Hansaring 118 | 48268 Greven | www.ld-medienhaus.de

Bildnachweis: siehe Seite 256

ISBN: 978-3-96855-506-5
Hergestellt in Deutschland

360grad-medien.de

Dr. André Uzulis | Gabriele Steinicke

Eifel

50 MIKROABENTEUER

ZUM ENTDECKEN UND GENIESSEN

360° medien

Unterschiedlicher könnten die Zugänge zur Eifel nicht sein. Die eine fotografiert sie. Der andere schreibt über sie. Die eine ist als gebürtige Gillenfelderin (das mitten in der Vulkaneifel nah am Pulvermaar liegt) ein echtes Eifeler Mädchen. Der andere ist Niedersachse aus Hannover; ihn hat es 2014 in die Eifel verschlagen. Die eine hat ihre familiären Wurzeln hier. Der andere musste erst Wurzeln schlagen. Ihm ist das leicht gefallen, und er hat es nie bereut.

Die eine prägt als Fotografin mit ihren Fotos und mit den Bildbänden, die sie veröffentlicht, das Bild der Eifel mit. Ihr Blick ist naturgemäß ein subjektiver – so wie sie kann man die Eifel sehen. Der andere, der über die Eifel schreibt, lässt mit seinen Texten bei den Lesern Bilder im Kopf entstehen. In diesem Band aus der Reihe Heimatmomente ergänzen sich beide Autoren und beide Perspektiven aufs Beste. Es geht um den Blick von innen nach außen und von außen nach Innen – Blicke, die sich zu einem Ganzen fügen.

Die Art und Weise, die Eifel zu erkunden, ist bei uns verschieden. Die eine durchstreift die Eifel am liebsten auf dem Rücken eines Pferds. Sie nimmt sie dadurch so ganz anders wahr als der andere, der als Wanderführer sowie Natur- und Geoparkführer Vulkaneifel zu Fuß unterwegs ist und die Begeisterung für die Region mit seinen Gästen teilt. Die Eindrücke unterschieden sich sehr. Zum Beispiel die Tierwelt: Während die Tiere des Waldes vor dem Wanderer Reißaus nehmen, lassen sie sich von der Nähe des Fluchttiers Pferd nicht aus der Ruhe bringen.

Und doch haben wir bei allen unterschiedlichen Ansätzen, für die wir stehen, auch viele Gemeinsamkeiten, was die Eifel angeht. Wir beide sind überwältigt vom wechselnden Licht der Landschaft.

Auch von den gegensätzlichen Jahreszeiten, die hier besonders ausgeprägt sind. Fröhlichkeit und Düsternis liegen in der Eifel oft nah beieinander und lösen in uns Stimmungen und Gefühle aus, die so vielfältig sind wie die Eifel selbst.

Zwar ist die eine Fotografin und entdeckt die Eifel durch die Linse ihrer Kamera immer neu, doch interessiert sie sich ebenso für die lange Geschichte und die Kultur. Und der andere, der Historiker, der gerne in Museen, Kirchen, Schlösser und Burgen stöbert, hat seinerseits Freude an der Fotografie, die für ihn ein schönes Hobby ist. Hier liegt eine große Schnittmenge zwischen uns.

Aus dieser Schnittmenge heraus ist die Konzeption dieses HeimatMomente-Bandes entstanden. Wir haben gemeinsam die 50 Mikroabenteuer ausgesucht, die nach unserer Meinung die interessantesten sind. Dass es eine individuelle Wahl ist und es noch viel, viel mehr zu entdecken und zu sehen gibt, versteht sich von selbst. Es bleibt die Hoffnung, dass die Leser, die sich auf unsere Vorschläge einlassen, auf ihren Touren durch die Eifel eine Vorstellung vom ganzen Reichtum dieser schönen, einsamen und mit Natur und Kultur so üppig ausgestatteten Region bekommen. Wenn das der Fall sein sollte, dann hat dieser Reiseführer seinen Sinn erfüllt.

Gabriele Steinicke und André Uzulis

Inhaltsverzeichnis

Burg Olbrück

Hinweis:

Aus Gründen der besseren Lesbarkeit wird auf eine geschlechtsneutrale Differenzierung verzichtet. Entsprechende Begriffe gelten im Sinne der Gleichbehandlung grundsätzlich für alle Geschlechter. Die verkürzte Sprachform beinhaltet keine Wertung.

IN DER EIFEL

Wer als Besucher Mitte des 19. Jahrhunderts in den tiefen Westen Deutschlands kam und wissen wollte, wo genau eigentlich die Eifel beginnt, der wurde von den Bewohnern weitergeschickt. „Nein, hier ist nicht die Eifel. Da hinten ist die Eifel", pflegten die Einheimischen dem Fremden zu sagen und zeigten mit der Hand ganz weit weg. Fragte der Reisende dann in der gewiesenen Richtung wieder nach der Eifel, so bekam er dort zu hören: „Die Eifel? Ach, das ist da hinüber, hinter den Bergen." Die Eifel war eine Region, die es laut den Menschen, die in ihr lebten, gar nicht gab. Oder zu der man jedenfalls nicht gehören wollte. Eifeler wollte niemand sein. In der Eifel zu leben, wurde mit Armut und Elend in Verbindung gebracht. So lag die Eifel immer woanders, nur nicht da, wo sich ein Eifeler Dorf befand.

Die Eifel war eine karge Region, die die Menschen kaum ernähren konnte. Die einst dichten Wälder waren zu Beginn des 19. Jahrhunderts durch Übernutzung abgeholzt. Die Böden gaben nicht viel her. Im Sommer war es kühl, die Winter brachten oft große Mengen Schnee. Das Leben war hart, viele Kinder und manche Mütter starben im Wochenbett, Krankheit und der Tod waren stets präsent. Etliche Familien wanderten aus. Als „Preußisch Sibirien" war die Region in ganz Deutschland verrufen. Nachdem das Land 1815 an Preußen gefallen war, fragten sich Beamte aus Berlin, was sie falsch gemacht hatten, wenn sie hierher versetzt wurden. Freiwillig kamen die wenigsten in die Eifel.

Dieses Bild als unwirtliches Grenzland hat sich zum Glück gewandelt. Die Eifel gilt aber immer noch als einer der unbekanntesten Kulturräume Deutschlands. Die, die als Touristen kommen, fühlen sich von den Eigentümlichkeiten der Regionen, von der Stille der

Natur und der Weite der Landschaft angezogen. Der Massentourismus hat sich hier (noch) nicht entwickelt und wird es wohl auch nicht. Touristische Großprojekte gab und gibt es nicht. Vorhanden sind allerdings einige touristische Hotspots, in denen es manchmal recht hummelig zugeht: am Nürburgring an Renntagen oder bei Rockfestivals, in Monschau, an den Dauner Maare.

Die Eifel stellt sich als ein ruhiges und beruhigendes Land dar, mit stetig wechselndem Licht und Stimmungen. Offiziell gilt sie als Mittelgebirge, aber die Höhen halten sich in Grenzen. Höchster Berg ist die Hohe Acht. Sie bringt es auf bescheidene 747 Meter. Darüber können die Bewohner im Schwarzwald, im Harz oder im Bayerischen Wald nur lachen. Selbst auf der anderen Seite der Mosel, im Hunsrück, hat man mit dem Erbeskopf mehr zu bieten. Weite Teile der Eifel sind im Grunde eine Hochebene, die kaum den Eindruck eines Gebirges vermittelt. Die elegische Weite kann hier ergreifend sein.

Ganz anders der Eindruck, den man aus den vielen tief eingeschnittenen Kerbtälern gewinnt. Von dort unten erscheint die Eifel tatsächlich gebirgig und nicht selten auch schroff. Felsen, Abbruchkanten, steil ansteigendes Gelände prägen hier den Landschaftseindruck. Dass 50 Prozent der Eifel heute bewaldet sind, merkt man oft erst, wenn man an den Bächen entlangwandert. Der Wald der Eifel ist ein Schatz und prägt die Region. Deutschland insgesamt ist nur zu 30 Prozent bewaldet.

Ob im Tal oder auf der Höhe, ein Merkmal zeichnet die Eifel überall aus: Sie ist scheinbar menschenleer. Nur 127 Menschen leben hier statistisch gesehen auf einem Quadratkilometer. Das ist praktisch nur halb so viel wie im bundesrepublikanischen Durchschnitt (233 Menschen/Quadratkilometer). Wer in der Eifel wandert, begegnet oft tagelang niemandem. Und das ist genau das, was viele gestresste Großstädter suchen. In der Eifel finden sie eine erfrischend abwechslungsreiche Natur und vor allem: Entspannung.

Dabei ist die Eifel kulturell alles andere als Hinterland. Durch die Römer wurde die Eifel als eine der ersten Regionen auf dem Gebiet des späteren Deutschland zivilisiert. Die Römer haben an vielen Orten bis heute Zeugnisse hinterlassen. Im Mittelalter galten die Rheinlande – und damit auch die Eifel – als die Herzkammer des Heiligen Römischen Reiches Deutscher Nation. Durch die Eifel zogen mehr als 30 in Frankfurt gewählte deutsche Könige, um sich in Aachen krönen zu lassen. In der Eifel waren es vor allem die Erzbischöfe von Trier und Köln, die Adelsgeschlechter aus Luxemburg und Jülich und einige Klöster, die ein enormes kulturelles Erbe hinterließen. Auch der einstige landwirtschaftliche Reichtum war groß, zudem wurde hier Eisenerz gefördert und verhüttet, lange bevor es das Ruhrgebiet als Industriegebiet gab. Eifeler Mühlsteine wurden in alle Herren Länder exportiert. Burgen, Schlösser, Kirchen, Klosteranlagen sowie Bergwerksanlagen und historische Industriekerne sind heute Beispiele des kulturellen Reichtums.

Mit den Naturwissenschaften begann im 19. Jahrhundert die Entdeckung der Eifel als eine Region, die „ihres Gleichen in der Welt nicht hat", wie 1820 Leopold von Buch, einer der Begründer der modernen Geologie, schrieb. Die 350 Vulkane der Eifel, darunter 78 Maare (davon wiederum zwölf Maarseen) wurden zu einem Studienobjekt par excellence der aufkeimenden Geowissenschaften. Das ging so weit, das ein ganzer Abschnitt der Erdgeschichte nach der Eifel benannt wurde: das Eifelium, die unterste Stufe des Mitteldevons (vor 393 bis 387 Millionen Jahren). In Gerolstein wurden der Paläontologie durch Entdeckungen von Trilobiten aus dem Erdaltertum Impulse gegeben.

Auf den Eifelmaaren entstand die Wissenschaft der Limnologie, die Lehre von den Seen. Der Zoologe August Thienemann ist einer der Mitbegründer dieses Wissenschaftszweigs. Seit seinen Studien auf dem Schalkenmehrener Maar zwischen 1910 und 1914 ist die Erkenntnis, dass Seen in bestimmten Zonen unterteilt werden können und dass in Seen bestimmte Gesetze gelten, wissenschaftliches Allgemeingut.

Maler wie Fritz von Wille und Schriftsteller wie Clara Viebig prägten das Bild der Eifel in ganz Deutschland. Der Regionalkrimi wurde hier durch Jacques Berndorf (bürgerlich: Michael Preute) begründet. Zahlreiche Museen präsentieren das umfangreiche naturkundliche und kulturelle Inventar der Region. Der Nationalpark Eifel zeigt, wie die Natur wieder zu sich finden kann. Der Natur- und Geopark Vulkaneifel, zugleich UNESCO-Geopark, und der Nationale Geopark Laacher See erschließen dem Besucher die Besonderheiten des Vulkanismus und die Zusammenhänge zwischen Geosphäre und Biosphäre. Mehrere Naturparks laden dazu ein, die naturräumlichen Schätze zu entdecken. Und über all dem spannt sich nach Sonnenuntergang ein grandioser Nachthimmel, denn die Lichtverschmutzung hält sich in der Eifel – fernab der Metropolen – in Grenzen. Die Milchstraße ist hier fast zum Greifen nah.

Landschaft bei Schwirzheim

Die Menschen, die heute in der Eifel leben, sind stolz auf ihre Landschaft und ihr historisches Erbe. Sie pflegen in Vereinen ihre kulturelle Identität und sprechen untereinander Eifelplatt. In jedem Jahr kommen Besucher aus ganz Deutschland und auch aus den benachbarten Ländern, um diese schöne, diese besondere Region zu entdecken, die nicht nur geologisch ihresgleichen sucht. Dieser Band aus der Reihe „HeimatMomente“ möchte dazu beitragen, die Eifel noch ein wenig intensiver zu erschließen und mit bekannten und weniger bekannten Highlights vertraut zu machen. Er wendet sich gleichermaßen an Touristen, Zugereiste und vielleicht auch an den einen oder anderen alteingesessenen Eifelbewohner, der seine Heimat neu entdecken möchte.

Top 10

DER SEHENSWÜRDIGKEITEN IN DER EIFEL

1 **Dauner Maare:** „Die Augen der Eifel" hat die Schriftstellerin Clara Viebig die Maare genannt. Bei Daun, im Zentrum der Vulkaneifel, liegen gleich drei Maare dicht beieinander – es sind die Klassiker der Region: Schalkenmehrener Maar, Weinfelder Maar und Gemündener Maar. Jedes für sich hat einen unverwechselbaren Charakter und würde einen eigenen Ausflug lohnen, alle drei zusammen sind aber auch gut an einem Tag zu schaffen. Nirgendwo sonst ist die Vulkaneifel typischer.
eifel.info/natur/vulkane/maare-der-eifel

2 **Laacher See und Kloster Maria Laach:** Die perfekte Kombination zwischen Natur und Kultur: Am Rande einer vulkanischen Caldera liegt ein Kleinod der Klosterbaukunst. Die Abtei Maria Laach ist eine der bedeutendsten Stätten sakraler Architektur in Deutschland und ein absoluter Besuchermagnet. Der benachbarte See hat sich nach dem gewaltigsten Vulkanausbruch gebildet, der Europa je erschüttert hat.

Heute ist alles friedlich hier – allerdings nicht ganz. Am Ostufer des Sees steigen immer noch Kohlendioxid-Blasen im Wasser auf. Der Vulkanismus in der Eifel schläft nur *maria-laach.de*

3 **Burg Eltz:** Einst zierte sie den 500-D-Mark Schein: In einem romantischen Seitental der Mosel erhebt sich auf einem Felssporn die Burg Eltz, Sinnbild des Mittelalters und der Ritterromantik. Auf engstem Raum lebten hier einst mehrere Familien nebeneinander und schafften es, sich (fast) die ganze Zeit nicht zu streiten. So ist eines der schönsten Bauwerke der Eifel erhalten geblieben, das von seiner Faszination bis heute nichts verloren hat.
burg-eltz.de

4 **Regierungsbunker Ahrweiler:** Wenn aus dem Kalten Krieg ein heißer geworden wäre, hätte sich Bundesregierung in einen Weinberg im Ahrtal eingegraben. Der ehemalige Regierungsbunker ganz in der Nähe der alten Hauptstadt Bonn hätte Vertretern von allen obersten Staatsorganen der Bundesrepublik für vier Wochen Schutz vor Zerstörung und Radioaktivität geboten. Es ist das wohl teuerste Gebäude, das je in Deutschland gebaut und auch wieder zurückgebaut wurde. Heute sind einige hundert Meter des einst fast 20 Kilometer langen atomsicheren Stollensystems zu besichtigen – ein zuweilen beklemmendes, aber auch nachdrückliches Zeugnis deutscher Zeitgeschichte. *regbu.de*

5 **Geysir Andernach:** Es ist der höchste Kaltwassergeysir der Welt. 50 bis 60 Meter hoch schießt in regelmäßigen Abständen eine Wasserfontäne auf der Rheininsel Namedyer Werth bei Andernach in die Höhe – ein spektakuläres Naturschauspiel. Dabei ist der Geysir durch menschliche Hand entstanden, bei einer Bohrung im Jahr 1903. Der Besuch beginnt in einem vorzüglichen Dokumentationszentrum und schließt eine Schifffahrt auf dem Rhein ein.
geysir-andernach.de

6

Monschau: Nah an der belgischen Grenze hat sich die alte Tuchmacherstadt Monschau als ein städtebauliches Kleinod erhalten. Enge Gassen, prachtvolle historische Häuser, das Rauschen der Rur und die steilen Hänge an ihren Ufern: Das Städtchen ist hinreißend, wohin man nur schaut. Gemütlichkeit und Genuss werden hier groß geschrieben. Ob Senf oder Süßes – Monschau bietet nicht nur bezaubernde Perspektiven, sondern auch leckere Spezialitäten. *monschau.de*

7

Kronenburg: Hier könnte man einen Historienfilm drehen. Auf einem Berggipfel schmiegen sich windschiefe Häuschen, die in den hunderten von Jahren schon vieles gesehen haben, an die Reste einer Burgruine. Die Zeit scheint stehen geblieben. Immer wieder bieten sich grandiose Ausblicke über die Landschaft. Willkommen in Kronenburg! Der Ort bietet Fachwerkidylle und Burgflair pur. *nordeifel-tourismus.de/kulturzeit/historische-ortskerne/kronenburg*

8 **Kloster Steinfeld:** Ein Zentrum der Gelehrsamkeit war Kloster Steinfeld einst – und ist es noch immer. Hier wurde schon vor mehr als tausend Jahren gebetet und unterrichtet. Das Kloster gilt als eines der besterhaltenen im gesamten

Rheinland, seine Basilika als eine der eindrucksvollsten. Eine Akademie und ein Gymnasiumsetzen die jahrhundertealte Bildungstradition dieses Ortes fort. Gästehaus, Klostergarten und begehbares Labyrinth laden zum Verweilen ein.
kloster-steinfeld.de

9 **Narzissenwiesen im Perlbachtal:** Ein Meer in Gelb – das ist das Perlbachtal im Zentrum des Deutsch-Belgischen Naturparks, wenn Millionen wilde Narzissen blühen und den Frühling ankündigen. Das in dieser Wucht einmalige Natur-

schauspiel ist allemal eine Reise Wert. Mehrere Info-Zentren und Wanderwege für jedes Fitnesslevel erschließen die Region.
eifel.info/a-narzissenwiesen-im-perlenbach-und-fuhrtsbachtal

10 **Brohltalbahn:** Vom Rheintal auf die Höhen der Eifel schnauft regelmäßig der „Vulkan-Expreß" der historischen Brohltalbahn. Die Strecke im obereren Abschnitt ist so steil, dass die Lokomotive nur mit Mühe die Steigung bewältigt. Wanderer können gemütlich nebenherlaufen. Zeit also, die immer einsamer werdende Landschaft zu genießen. Oben bietet sich ein prachtvolles Mittelgebirgspanorama, das zu Wanderungen oder weiteren Entdeckerfahrten mit Bus oder Rad einlädt.
vulkan-express.de

AUS DER EIFEL

So wie die Eifel in früheren Jahrhunderten als Armenhaus oder als „Preußisch Sibirien" verschrien war, so hatten auch ihre traditionellen Rezepte lange Zeit einen zweifelhaften Ruf als Arme-Leute-Küche. An die Raffinesse der in Luxemburg gepflegten romanischen Küche oder gar die der französischen Cuisine kam sie bei Weitem nicht heran, nicht einmal an die kulinarische Vielfalt des benachbarten Rheinlands. Eifeler Küche – das war vor allem eines: deftig. Und das ist es heute noch. Nur mit dem Unterschied, dass genau das bei vielen Einheimischen und Gästen inzwischen als etwas Besonderes geschätzt wird.

Es sind vor allem die regionalen Produkte, die, direkt vor der Tür erzeugt, die Eifel-Küche ausmachen. Man bekommt sie in zahllosen Hofläden und auf den Märkten – oft auch in den heimischen Supermärkten. Kartoffeln und Kohl spielen dabei eine große Rolle, aber auch Gemüse, Obst und Rindfleisch. Bei Getränken kann sich die Eifel mit jeder anderen deutschen Region messen. Es gibt weit über die Eifel hinaus bekannte Mineralwasser- und Biersorten. Nicht zu vergessen der Wein von der Ahr sowie sehr gute Brände.

✓ **Döppekooche** ist ein traditionelles Eifeler Kartoffelgericht aus dem Ofen. Nur in einem typischen gusseisernen Topf entwickelt sich der ganz eigene Geschmack dieses früheren Arme-Leute-Essens, das heute freilich auch in

Top-Restaurants auf der Karte steht. Kartoffeln, Speck, Zwiebeln und Eier sind die wichtigsten Zutaten. Zwei Stunden muss die geschichtete Masse im Ofen backen, dann wird das Gericht unter einer braunen Kruste serviert und mit Schwarzbrot und Apfelmus gegessen.

✓ **Kappestiertisch** wird ebenfalls vor allem aus Kartoffeln hergestellt, hier wird aber Sauerkraut unter das Püree gehoben. Gekochte, in Scheiben geschnittene Mettwürste kommen ebenfalls hinein. Wem das allzu deftig vorkommt, kann statt der Mettwurst Speckwürfel und Zwiebeln verwenden.

✓ **Karnevals-Nautzen** gehören zum Eifeler Karneval wie Alaaf und Kamellen. Es handelt sich um Quarkbällchen, die in recht viel Öl frittiert werden, bis sie eine goldbraune Farbe annehmen. Auf die Kalorien sollte man dabei nicht achten. Aber nach dem Karneval beginnt ja ohnehin die Fastenzeit ...

✓ **Heenschköchelcher** ist die Eifeler Bezeichnung für Buchweizen-Pfannkuchen, mancherorts auch Heidschkooche genannt. Man benötigt 150 Gramm Buchenweizenmehl, drei Eier, Milch, Backpulver und Salz. Alle Zutaten werden zu einem Pfannkuchenteig verarbeitet und als Küchlein mit Schweineschmalz gebacken.

✓ **Gekochtes Rindfleisch mit Senfsoße** gilt als Rezept der gehobenen Eifeler Küche. Das konnten sich früher nur die Adligen auf den zahlreichen Burgen der Eifel leisten, und selbst die nur an Festtagen – nicht nur des Fleisches wegen, sondern vor allem, weil Senf als Rarität galt. 500 Gramm gekochtes Eifel-Rindfleisch wird in dünne Scheiben geschnitten und erwärmt. Butter und Mehl kommen dazu, dann wird das Ganze mit Rinderbrühe aufgegossen. Drei Esslöffel körnigen Senf unterrühren und kurz aufkochen lassen. Süße Sahne und in Wein eingeweichte Rosinen geben einen ganz besonderen Geschmack, der noch durch die Stückchen eines zuvor in Butter angedünsteten Apfels perfektioniert wird. Serviert wird das Rindfleisch mit Salzkartoffeln und blanchiertem Gemüse.

✓ **Mineralwasser** gibt es in der Eifel in Hülle und Fülle. Die hier Dreese genannten Quellen liefern Wasser mit einem großen Reichtum an Mineralien, die auf den vulkanischen Ursprung weiter Teile der Eifel zurückzuführen sind. Manchmal tragen sie noch den Atem der Vulkane in sich, wenn sie mit Kohlendioxid versetzt ans Tageslicht kommen. Einige dieser Wässer werden als weithin bekannte Marken über die Region hinaus vertrieben.

✓ **Bier** ist ein traditionelles Eifeler Getränk, das nicht nur als Weltmarke aus Bitburg daherkommt, sondern auch als Landbier-Spezialität so mancher kleiner Brauerei-Manufaktur. Anders als die Rheinländer bevorzugen vor allem die Nord-Eifeler untergärige Biere. Das weiche Wasser und die Braugerste aus der Region prägen den Geschmack dieser Biere.

✓ **Brände** aus der Eifel sind längst kein Geheimtipp mehr. Wie beim Bier sind es hier oftmals kleine Manufakturen, die sich einen Namen mit handwerklich vollendeten Produkten gemacht haben. Manchmal stellen diese Destillerien schon seit mehreren Generationen in Kombination aus Tradition und moderner Technik edle Obstbrände her. Neueren Datums sind Kreationen aus den Bereichen Whisky, Rum und Gin, bei denen die Eifel inzwischen auch probierenswerte Tropfen zu bieten hat.

✓ **Wein** kommt in der Eifel aus dem nördlichsten der westdeutschen Anbaugebiete, das zugleich das größte geschlossene Rotweinanbaugebiet Deutschlands ist: die Ahr. Der Ahrwein verdankt seine Klasse dem klimatischen Schutz durch die umgebende Eifel, der hitzestauenden Enge des Tals, dem Zustrom milder Luft aus dem Neuwieder Becken und dem Schieferboden. Der Boden speichert tagsüber die Wärme und gibt ihn nachts gleichmäßig ab. Hier wachsen hervorragende Rotweine, vor allem Spätburgunder. Mit 560 Hektar gehört die Ahr zu den kleineren deutschen Anbaugebieten. Auf 84 Prozent der Fläche werden Rotweinsorten angebaut – so viel wie in keiner anderen Region in Deutschland.

SCHLEIDEN
Umarmt vom Nationalpark
www.schleiden-eifel.com
schleiden.eifel

WANDERBARE STADT SCHLEIDEN

SCHWEDEN
DÄNEMARK
Ostsee
Nordsee
Kiel
SCHLESWIG-
HOLSTEIN
MECKLENBURG-
VORPOMMERN
HAMBURG
Schwerin
BREMEN
BRANDENBURG
POLEN
NIEDERSACHSEN
BERLIN
Hannover
Potsdam
Magdeburg
NORDRHEIN-
WESTFALEN
SACHSEN-
ANHALT
Düsseldorf
SACHSEN
Dresden
Erfurt
THÜRINGEN
HESSEN
RHEINLAND-
PFALZ
Wiesbaden
Mainz
TSCHECHIEN
SAARLAND
BAYERN
Stuttgart
FRANKREICH
BADEN-
WÜRTTEMBERG
München
ÖSTERREICH
SCHWEIZ

Frechen
Köln
Overath
Jülich
Alsdorf
Niederzier
Kerpen
Hürth
Rösrath
Neunkirchen-Seelscheid
Eschweiler
4
Liblar
Brühl
Troisdorf
Düren
Stolberg
Hennef (Sieg)
Weilerswist
Bonn
Kreuzau
Venwegen
Uckerath
Zülpich
Heimerzheim
3
Nideggen
Roetgen
Euskirchen
Königswinter
Windhagen
NORDRHEIN-WESTFALEN
Rheinbach
Neustadt (Wied)
Simmerath
Mechernich
61
Monschau
Sinzig
Bad Münstereifel
Bad Neuenahr-Ahrweiler
Küchelscheid
Schleiden
1
Rhein
Rengsdorf
Nettersheim
Schuld
Blankenheim
Burgbrohl
BELGIEN
DEUTSCHLAND
Neuwied
Dahlem
Mendig
Adenau
Üxheim
Hallschlag
Lissendorf
Ochtendung
Mayen
Kelberg
Polch
Auw bei Prüm
Hillesheim
Dreis
48
Weinsheim
Uersfeld
Münstermaifeld
1
Gerolstein
Kaisersesch
Prüm
Ulmen
Daun
Pronsfeld
Treis-Karden
Schönecken
RHEINLAND-PFALZ
Cochem
Lutzerath
Beltheim
Arzfeld
Neidenbach
Mosel
Manderscheid
Bullay
Kastellaun
60
Daleiden
Zell (Mosel)
Bausendorf
Neuerburg
Landscheid
Bitburg
Wittlich
Vianden
Speicher
Bettingen
Bernkastel-Kues
1
Rhaunen
Zemmer
Welschbillig
Diekirch
Neumagen-Dhron
Schweich
Simmertal
Beaufort
Echternach
Morbach
Trier
Kirn
Thalfang
LUXEMBURG
Weierbach
Konz
Osburg
Malborn
Idar-Oberstein

Osteifel

Laacher See

Osteifel

1. Adlige Reihenhäuser des Mittelalters: Burg Eltz
2. Jahrtausende alte „Steinzeiten“: Mayener Bergbaulandschaft
3. Alles über die Region: Eifelmuseum Mayen
4. Idyllische Filmkulisse: Fachwerkdorf Monreal
5. Spritzige Attraktion am Rhein: Geysir Andernach
6. Natur und Kultur auf Tuchfühlung: Abtei Maria Laach und Laacher See
7. Schatzkammer historischer Wohnkultur: Schloss Bürresheim
8. Auf schmaler Spur hoch hinaus: „Vulkan-Expreß“ im Brohltal
9. Mekka für Geotouristen: Wingertsbergwand
10. Ein Meteoritenkrater: Rodder Maar
11. Historischer Erlebnispark: Burg Olbrück

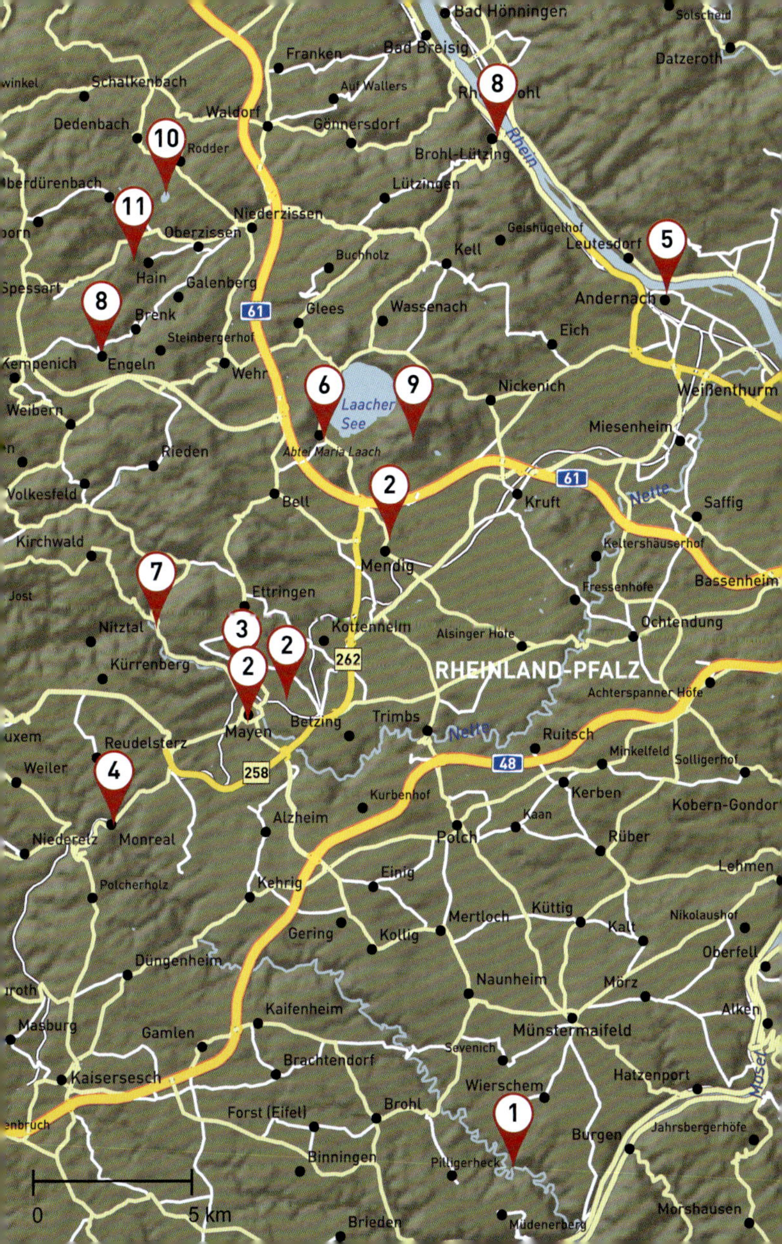

Bad Hönningen
Solscheid
Franken
Bad Breisig
Datzeroth
Schalkenbach
Auf Wallers
Waldorf
Gönnersdorf
Dedenbach
Rodder
Brohl-Lützing
Rhein
Lützingen
Niederzissen
Oberzissen
Buchholz
Geishügelhof
Kell
Leutesdorf
Hain
Galenberg
Spessart
Andernach
Glees
Wassenach
Brenk
Eich
Steinbergerhof
Kempenich
Engeln
Wehr
Nickenich
Laacher See
Weißenthurm
Weibern
Miesenheim
Abtei Maria Laach
Rieden
Volkesfeld
Bell
Kruft
Nette
Saffig
Kirchwald
Mendig
Keltershäuserhof
Bassenheim
Ettringen
Fressenhöfe
Nitztal
Kottenheim
Ochtendung
Alsinger Höfe
Kürrenberg
RHEINLAND-PFALZ
Achterspanner Höfe
Betzing
Trimbs
Mayen
Ruitsch
Reudelsterz
Minkelfeld
Solligerhof
Weiler
Kerben
Kurbenhof
Kobern-Gondorf
Alzheim
Kaan
Niederelz
Monreal
Polch
Rüber
Lehmen
Polcherholz
Einig
Kehrig
Küttig
Mertloch
Nikolaushof
Kalt
Gering
Kollig
Oberfell
Düngenheim
Naunheim
Mörz
Alken
Kaifenheim
Münstermaifeld
Masburg
Gamlen
Sevenich
Brachtendorf
Hatzenport
Kaisersesch
Mosel
Wierschem
Brohl
Forst (Eifel)
Jahrsbergerhöfe
Burgen
Binningen
Pilligerheck
0
5 km
Brieden
Morshausen
Müdenerberg
61
262
258
48
1
2
3
4
5
6
7
8
9
10
11

1 Adlige Reihenhäuser des Mittelalters

BURG ELTZ

Wer früher einen 500-D-Mark-Schein aus dem Portemonnaie zog, hatte nicht nur ziemlich viel Geld in der Hand, sondern auch eine der schönsten deutschen Burgen vor Augen. Die Burg Eltz zierte zwischen 1961 und 1992 die zweithöchste D-Mark-Banknote. Trutzig-grau hob sie sich auf der Rückseite des Geldscheins vom rosabraun gehaltenen Hintergrund ab.

Auf der Vorderseite war das „Porträt eines 33-jährigen Mannes" des Künstlers Hans Maler aus dem 15. Jahrhundert zu sehen. 1977 bis 1982 gab die Deutsche Bundespost eine 40-Pfennig-Briefmarke mit der Burg heraus, außerdem hat sie Eingang in den Verkehrszeichenkatalog der Straßenverkehrsordnung gefunden, als Verkehrszeichen Nr. 386.1 „Touristischer Hinweis".

Die Burg Eltz gilt nicht nur wegen ihrer Abbildungen als berühmtestes Gebäude der Eifel, sondern weil sie ein historisches und architektonisches Gesamtkunstwerk ist, das seinesgleichen sucht – sie ist eine Augenweide. „Hoch, großartig, fremd, düster. Ich habe noch nichts Ähnliches gesehen", fasste im 19. Jahrhundert der französische Schriftsteller Victor Hugo seinen Eindruck in Worte.

Auch heute macht die Burg auf dem Bergrücken im Elztal Eindruck auf die Besucher. Achtung: Die Burg schreibt sich mit „tz", der Bach nur mit „z". Dabei ist sie gar nicht die typische Burg. Ihr fehlen die üblichen Merkmale einer Burg, der Bergfried und der Palas. Stattdessen ist es ein Ensemble vielgestaltiger Turmbauten, die sich eng um den gedrungenen Innenhof aneinanderschmiegen und atemberaubend hoch in den Himmel aufschießen. Die vielen Erker und Zinnen der acht bis zu 35 Meter hohen Wohntürme bieten eine grandiose Kulisse. Und das alles ist im Originalzustand zu bewundern, denn die Eltz wurde nie erobert und zerstört.

Seit fast 900 Jahren befindet sich die Burg in Familienbesitz. Bereits 1268 wurde sie eine Ganerbenburg, also gemeinsamer Besitz mehrerer Linien. Die einzelnen Bereiche trugen dabei als Bezeichnungen der in ihnen residierenden Linien die Namen der jeweiligen Gattinnen: Haus Kempenich, Haus Rübenach und Haus Rodendorf. Sogenannte Burgfriedensbriefe regelten das Zusammenleben und banden die Bewohner an die Pflicht zum gemeinsamen Erhalt des Besitzes. Das hat tatsächlich über Jahrhunderte funktioniert.

Jede Linie baute auf dem Felsen ihr eigenes wehrhaftes Haus Mauer an Mauer mit den Nachbarn. Die mittelalterliche Wohnanlage war sozusagen eine Reihenhaussiedlung mit Toren, Brunnen und Wehranlagen, für die alle Bewohner gemeinsam verantwortlich waren. Der Baugrund war knapp, und so nutzte man jeden Quadratmeter und arbeitete sich in die Höhe. Eine jede Familie präsentierte sich in prachtvoller Weise, so entstand der enorme Reichtum an Details dieser herrlichen, ineinander verschachtelten Bilderbuchburg.

Man kann heute nur von Glück sagen, dass die Burgbewohner über die Jahrhunderte geschickt Erb- und sonstige Streitigkeiten vermieden haben, sonst wäre diese Preziose wahrscheinlich nicht

Burg Eltz

auf uns gekommen. Nur einmal, in der sogenannten Eltzer Fehde in den Jahren 1331 bis 1336, drohte der damals noch jungen Burg Gefahr. Doch blieb sie als Ganzes erhalten. Seit 1815 ist die Linie Eltz-Kempenich Alleinbesitzer und sorgt sich um den Erhalt. Schon 1820 wurde die Burg für Besucher geöffnet. Und Mitte des 19. Jahrhunderts gab es erste umfangreiche Erhaltungsmaßnahmen, die sich die Familie nicht weniger als 184.000 Mark kosten ließ – heute entspräche dies einem Wert von mehr als 15 Millionen Euro. 2009 bis 2012 wurden noch einmal umfangreiche Arbeiten vorgenommen, unter anderem zur statischen Sicherung, zur Erneuerung der Schieferdächer und zur Bekämpfung der Holzschädlinge. Auch die Fenster, die Heizungen und Sanitäranlagen wurden erneuert.

Bei einer Führung wird den Besuchern das sehr sehenswerte Innere gezeigt, das die Jahrhunderte ebenfalls unbeschadet überdauert hat. Der wohl berühmteste Innenraum ist das Rübenacher Schlafgemach mit dem prachtvollen Bett aus dem Jahr 1520 wie auf einem Thron, über dem die Decke mit ihren schweren Balken in einem einzigartigen Blüten- und Rankenmuster ausgemalt ist. Im Rittersaal sind Narrenköpfe zu sehen. Sie stehen für Redefreiheit: Im Mittelalter durfte ein Narr alles sagen, ohne Konsequenzen befürchten zu müssen. Sie mahnen aber auch, sich selbst nicht zu wichtig zu nehmen. In der burgeigenen Gemäldesammlung hängen unter anderem Werke von Lucas Cranach d.Ä.

Info

Lage: Burg Eltz liegt auf der Gemarkung der Ortsgemeinde Wierschem, etwa 28 Kilometer südwestlich von Koblenz.

Adresse: Wierschem, Burg Eltz

Website: *burg-eltz.de*

Einkehren: Zwei Burgschänken bieten Kaffee und Kuchen, Snacks und warme Speisen.

Aktivitäten:

- Der Wanderweg „Eltzer Burgpanorama" startet in Wierschem am Dorfgemeinschaftshaus und führt über knapp 13 Kilometer (vier Stunden) über das Moselplateau und den Gräflich Eltzschen Wald zum Elzbach, der sich tief in die Ebene eingeschnitten hat und der Mosel entgegen fließt. Höhepunkt der Runde ist natürlich die Burg Eltz, an der dieser Traumpfad direkt vorbeiführt, ehe es stetig ansteigend bald wieder auf das Plateau zum Ausgangspunkt zurückgeht. Zu überwinden sind insgesamt 397 Höhenmeter.

2 Jahrtausende alte „Steinzeiten“

MAYENER BERGBAULANDSCHAFT

Mayen liegt inmitten des fruchtbaren Maifelds und in der sogenannten Pellenz, dem Hügelland im nordwestlichen Teil des Mittelrheinischen Beckens. Die Stadt gilt aufgrund ihrer geografischen Lage als das „Tor zur Eifel“. Außerdem ist sie das Zentrum des Mühlsteinreviers Rhein-Eifel. Auf engstem Raum findet sich hier gleich ein ganzer Strauß an Attraktionen.

Einst umschloss Mayen eine acht bis zwölf Meter hohe Stadtmauer, in die etliche Halbrund- und Rundtürme eingelassen waren. Durch vier Tore kamen die Menschen in die Stadt. Zwei davon gibt es noch: das Brücken- und das Obertor. Gut erhalten sind außerdem der Mühlen- und der Vogelturm sowie Teile der alten Stadtbefestigung mit dem restaurierten, bis zur Genovevaburg begehbaren Wehrgang.

Genovevaburg

Mayen ist durch die seine Basaltlavaindustrie berühmt geworden, die bis in römische Zeit zurückreicht. Produkte des Bergbaus aus Mayen und Umgebung wurden bis nach Schottland exportiert. Es waren vor allem Mühlsteine von außerordentlicher Qualität, die hier aus der Erde geschlagen und – über den nahen Rhein verschifft – zum Exportschlager wurden. Die Steinbrüche zwischen Mayen und Mendig gehörten zu den bedeutendsten ihrer Art weltweit.

Das Mayener Grubenfeld am nordöstlichen Stadtrand ist heute eine verwilderte, bizarre Landschaft, deren herben Reizen der Besucher sich schwer entziehen kann. Diese vom Bergbau hinterlassene rund anderthalb Quadratkilometer große Landschaft wurde auf etwa 100 Hektar als Erlebniswelt für Interessierte im historischen Zustand erschlossen. Am Rand der Felsabstürze stehen noch die alten Kräne, unten hat sich die Natur zurückgeholt, was die Steinindustrie ihr einst genommen hatte. In einigen Gruben hat sich Wasser gesammelt, sodass wertvolle Feuchtbiotope entstanden sind. Die Ausstellung „Steinzeiten" führt in die alte Industrie ein, ein Skulpturenpark setzt einen reizvollen kulturellen Kontrapunkt.

Schieferbergwerk

Auch unter Tage kann man sich in Mayen begeben: 16 Meter unter der Genovevaburg ziehen sich Stollen durch das Gestein, in denen das Deutsche Schieferbergwerk im Eifelmuseum Mayen über Arbeit und Alltag der Schieferbergleute informiert. Anfassen ist in dem 340 Meter langen Stollen-Labyrinth ausdrücklich erlaubt. Die im Zweiten Weltkrieg von Bergmännern in den Untergrund getriebenen Stollen, die einst Schutz bieten sollten, sind heute Kulisse für die eindrucksvolle Darstellung des Eifeler Schieferbergbaus. Über einen Aufzug gelangen die Besucher in eine dunkle Welt der Männer und Maschinen. In den unterirdischen Gängen stehen riesige Schreitbagger, alte Loren, Seilsägen und 20 Kilogramm schwere Presslufthämmer. Attraktion für Kinder und Erwachsene gleichermaßen ist eine simulierte Lorenfahrt durch den Stollen.

Vulkanmuseum

Der Bergbau ist eng mit der Geologie verbunden. Daher ist ein Besuch im Deutschen Vulkanmuseum – auch Lava-Dome genannt – im etwa zehn Kilometer von Mayen entfernten Mendig eine ideale Ergänzung zum Mayener Bergbauerlebnis. Das Museum im Ortsteil Niedermendig ist eine der zentralen Einrichtungen des Vulkanparks Osteifel. Hier begibt man sich auf eine besonders intensiv erlebbare Entdeckungsreise in die Erdgeschichte. Auf 700 Quadratmetern erfahren Vulkanfans alles über die faszinierende Welt der feuerspeienden Berge. Eine multimediale Show erzählt von gewaltigen Vulkanausbrüchen;

in einer „Vulkanwerkstatt“ kann man an interaktiven Experimentalstationen einen Eindruck von den Vorgängen im Erdinnern gewinnen. Beeindruckend ist der anschließende Abstieg in den 32 Meter tiefen Lavakeller, eine unterirdische Kathedrale aus Basalt, die im Rahmen einer Führung zu besichtigen ist.

Lavakeller

Info

Lage: Mayen liegt etwa 30 Kilometer westlich von Koblenz.

Aktivitäten:

- Erlebniswelt Mayener Grubenfeld: An den Mühlsteinen 7, 56727 Mayen, *erlebniswelten-grubenfeld.de*
- Deutsches Schieferbergwerk: Mario-Adorf-Burgweg 1, 56727 Mayen, *mayen.de/kultur-tourismus/tourismus/eifelmuseum/deutsches-schieferbergwerk*
- Lava-Dome/Deutsches Vulkanmuseum: Brauerstraße 1, 56743 Mendig, *lavadome.de*

HINWEIS: Der international berühmte Schauspieler Mario Adorf wurde 1930 zwar in Zürich geboren, er wuchs allerdings in Mayen bei seiner alleinerziehenden Mutter auf und gilt als großer Sohn der Stadt. Der vielfach preisgekrönte Künstler wirkte in mehr als 200 Filmen mit, darunter „Der Schatz im Silbersee“, „Die Blechtrommel“ und „Der große Bellheim“. In Mayen machte er 1950 das Abitur und lernte boxen. „Man kann an vielen Orten zu Hause sein, aber man hat nur eine Heimat. Und Heimat, das ist dort, wo man aufgewachsen ist, wo man die ersten Kinderlieder gesungen hat, wo man die erste Liebe erlebt hat – und das ist für mich Mayen“, sagte Adorf einmal in einem Interview mit dem SWR.

3 Alles über die Region

EIFELMUSEUM MAYEN

Es geht los bei grundlegenden Fakten, wo die Eifel eigentlich liegt, wie sie riecht und wer aus der Eifel kommt, den man kennen sollte. Die zweite Ebene zeigt die Landschaft der Eifel, als der Mensch sie noch nicht verändert hat. Es geht um die damalige Tierwelt und um die Entstehung des Waldes.

Über dem Deutschen Schieferbergwerk in der Mayener Genovevaburg befindet sich das Eifelmuseum, ein modernes Themenmuseum zum Schauen, Staunen und Mitmachen. Nicht ganz unbescheiden nennen die Museumsmacher ihre Ausstellung „Eifel total". Fünf multimedial gestaltete Ebenen zeigen die wichtigsten Aspekte der Eifel.

Der Einfluss des Menschen ist dann Thema in der dritten Ebene. Seit der Keltenzeit bestimmen Rodung, Ackerbau und Viehzucht das Leben der Menschen hier. Wie rangen die ersten Eifelbewohner der Natur Nahrung, Behausung und Kleidung ab? Wie bewirtschafteten sie die Landschaft? Wovon lebten sie? Und wie lebten sie? Nicht wenige verließen auch in Zeiten der Not ihre Heimat. Davon zeugen Briefe, die in einer Hörinstallation vorgelesen werden.

In der vierten Ebene schließlich geht es um Glauben und Zweifel: Religiosität und Aberglaube spielten (und spielen womöglich noch heute) eine große Rolle im Leben der Menschen. Um 700 v. Chr. wurden bereits in der gewaltigen Ringgrabenanlage des Golorings bei Bassenheim religiöse Feste gefeiert und jahreszeitliche Daten für Aussaat und Ernte bestimmt – die Anlage ist das „Stonehenge der Eifel".

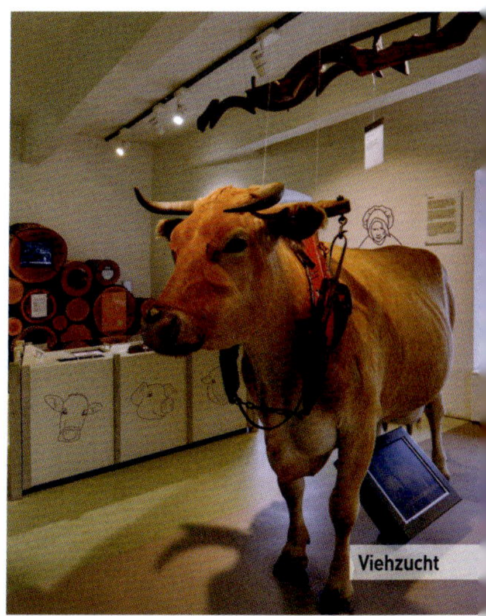
Viehzucht

Zuletzt geht es in der fünften Ebene einmal mehr um das in der Eifel nicht wegzudenkende Thema Geologie: Der Besucher erfährt, wie die heutige Eifel als Grund eines tropischen Meeres entstand und sich erhob, wie sie zur Wüste und dann zu der

Funde aus der Frühzeit

Eine zeitgemäße Präsentation zeichnet das Museum aus

Vulkanlandschaft wurde, jener „heißen Gegend", die in Deutschland einmalig ist.

Untergebracht ist das Eifelmuseum in der Genovevaburg, dem Wahrzeichen der Stadt Mayen, das weithin sichtbar auf einer Felskuppe oberhalb des Marktplatzes steht. Ursprünglich ein spätgotisches Bauwerk, wurde die Genovevaburg mehrfach belagert, zerstört und wieder auf- und umgebaut – so etwa in der ersten Hälfte des 20. Jahrhunderts in einen repräsentativen Wohnsitz. Nach einem Bombentreffer im Zweiten Weltkrieg dauerten Wiederaufbau und Renovierung bis 1984. In den Sommermonaten finden im Burghof die Burgfestspiele Mayen statt.

Der 34 Meter hohe Bergfried der Genovevaburg ist nach Golo, dem Bösewicht der Genovevalegende, benannt. Ein tiefes Verlies, düstere Gefangenenzellen und eine Aussichtsplattform mit einem weiten Blick über die Landschaft sind die Attraktionen des Bauwerks.

Lage: Mayen liegt etwa 30 Kilometer westlich von Koblenz.

Adresse: Eifelmuseum, Genovevaburg, 56727 Mayen

Website: *mayen.de/kultur-tourismus/eifelmuseum*

HINWEIS: In der Genovevaburg dreht sich nicht nur im Eifelmuseum alles um die Eifel, sondern ebenso in der Eifelbibliothek des Eifelvereins. Die Bestände umfassen auch die des Geschichts- und Altertumsvereins Mayen – eine in der Region einzigartige Informationsquelle für alle Fragen der Landeskunde. Mehr als 10.000 Bücher und Zeitschriftentitel sind hier verfügbar. Ein besonderer Schatz ist das älteste Buch der Sammlung, die „Cosmographia“ von Sebastian Münster von 1544 mit einer zeitgenössischen Karte der Eifel.

4 Idyllische Filmkulisse

FACHWERKDORF MONREAL

Das Elztal bietet neben der Burg Eltz noch ein weiteres sehenswertes Ausflugsziel: das Fachwerk-Idyll Monreal. Die Ortsgemeinde im Landkreis Mayen-Koblenz hat gleich zwei Burgen aufzuweisen und ist ein typisches Eifeler Burgstädtchen, wie sie häufig um Wehrbauten herum entstanden sind.

Rotweiße Fachwerkhäuser prägen Monreal

Zwei Brüder aus dem Grafengeschlecht derer von Virneburg gelten als die Bauherren der Befestigungsanlagen aus dem 13. Jahrhundert; sie waren miteinander verfeindet. Hundert Jahre später zogen ihre Nachfahren von hier aus gegen das Erzbistum Trier zu Felde, was sich Erzbischof Balduin nicht gefallen ließ. Am Ende mussten die Virneburger sich dem Erzbischof unterwerfen. Die Reste ihrer Burgen, die Löwenburg und die Philippsburg, zeugen von den heftigen Auseinandersetzungen im Mittelalter.

Doch mit dem Aussterben der Virneburger 1545 hatten die Einwohner von Monreal immer noch nicht ihre Ruhe, denn im Dreißigjährigen Krieg verwüsteten die Schweden den Ort. Erst im 18. Jahrhundert kam das Städtchen durch die Tuchindustrie zu beachtlichem Wohlstand. Aus dieser Zeit stammen viele der opulenten Häuser im Ortskern. Darüber hinaus zeigt sich Monreal als ein Schmuckstück mit engen Gassen, einer wuchtigen Brücke über den Elzbach, einem alten Pfarrhaus mit Bauerngarten, einer urigen Dorfkirche direkt am Wasser und romantischen

Ecken überall – ein Ausflugsziel, an dem man die Seele baumeln lassen und träumen kann.

2010 bis 2016 war Monreal Schauplatz des ARD-Schmunzelkrimis „Der Bulle und das Landei“ mit Uwe Ochsenknecht in der Hauptrolle. Das Standesamt des Ortes diente in den sechs Folgen der Serie als Kulisse für die Szenen, die in der Polizeiwache spielen.

Nepomuk-Brücke über den Elzbach

Unbedingt sollte man ein Foto von der Nepomuk-Brücke mit der Statue des hl. Nepomuk aus dem Jahr 1803 machen – hübscher kann es mit den Häusern und dem Bach im Hintergrund kaum sein. Die Töpferei in der Alten Schule dürfen sich Freunde des Kunsthandwerks nicht entgehen lassen. Die farbenprächtige Keramik ist dort auch im teilweise terrassierten Garten ausgestellt.

Info

Lage: Monreal liegt etwa fünf Kilometer südwestlich von Mayen.

Website: *monrealeifel.de*

Einkehren:

- Café Plüsch: behagliches Interieur und schöne Auswahl an meisterhaften Kuchen; Obertorstraße 14, 56729 Monreal, *www.cafe-plüsch-monreal.de*

5 Spritzige Attraktion am Rhein

GEYSIR ANDERNACH

Das spektakuläre, teilnatürliche Schauspiel gibt es seit 1903, als auf der Namedyer Werth, einer Halbinsel im Rhein, ein 343 Meter tiefer Schacht abgeteuft wurde. Man war damals auf der Suche nach Kohlensäurevorkommen für die Mineralwasserindustrie. Wegen aufsteigender Blasen im benachbarten Altarm des Rheins vermutete man Kohlensäure in der Tiefe. Bei der Bohrung brach der Geysir erstmals aus – und wurde bald zum Wahrzeichen des Namedyer Werths. Andernach kam so ungewollt zu einer neuen Attraktion.

Ein in Deutschland einzigartiges Naturschauspiel bietet der Geysir Andernach. Die Geysire auf Island sind vermutlich bekannter, aber kein Geysir ist so hoch wie der von Andernach: 50 bis 60 Meter schießt seine Fontäne in den Himmel – er ist damit der höchste Kaltwassergeysir der Welt.

Doch das dauerte noch, denn zunächst füllte man bis 1918 das Wasser aus der Bohrung ab, bis 1953 auch die entweichende Kohlensäure. Dann wurde das Bohrloch verschlossen und die darin liegende Attraktion geriet in Vergessenheit. Erst nach der Jahrtausendwende im Jahr 2000 kam die Idee einer touristischen Erschließung auf – ihr stand nun aber der Naturschutz auf der ökologisch wertvollen Halbinsel entgegen. Am Ende fand man einen Kompromiss dergestalt, dass nur eine begrenzte Zahl von Gästen pro Tag auf die Halbinsel darf. So wurden 2009 regelmäßige Touren möglich. Zuletzt bestaunten rund 110.000 Menschen pro Jahr das Schauspiel.

Die Eruption des Geysirs erfolgt alle zwei Stunden für ungefähr acht Minuten. Angetrieben wird das Wasser aus dem Erdinnern von Kohlendioxid, das wie in einer geschüttelten Mineralwasserflasche Druck aufbaut, der sich dann in der Eruption entlädt. Außerhalb der Besichtigungszeiten wird der Geysir durch einen Schieber verschlossen.

Alle zwei Stunden schießt der Geysir Wasser in die Höhe

Der Namedyer Werth ist aber nicht nur wegen des Geysirs sehenswert, sondern es ist auch ganz besonderes Naturschutzgebiet. Bei Hochwasser werden immer wieder Teile der Halbinsel überschwemmt. So entwickelte sich ein Auenbiotop mit angepasster Flora und Fauna. Am Ufer finden sich Silberweiden und Schwarzpappeln – das Vorkommen der Schwarzpappeln ist sogar einzigartig: Nicht weniger als 80 Exemplare stehen auf dem Namedyer Werth. Weiter im Innern der Halbinsel findet sich ein Wald aus Stieleichen und Feldulmen. Die Bäume bieten mehr als 70 Vogelarten Schutz. Die Halbinsel dient auch Zugvögeln auf der Durchreise als Rastplatz, sodass sie eine wichtige Funktion als Vernetzungsbiotop erfüllt. Nicht zuletzt ist der Namedyer Werth für sein Vorkommen an Fledermäusen bekannt. Neun Arten wurden hier dokumentiert. Dachs, Wasserspitzmaus und etliche Amphibien und Insekten ergänzen die Liste der Bewohner des Areals.

Nahe dem Rheinufer steht etwa zwei Kilometer flussaufwärts vom Geysir in Andernach das „Erlebniszentrum Geysir Andernach“, das Besucher über die Funktionsweise des Geysirs und die zugrundeliegende Geologie informiert. In sechs Bereichen, deren realistische Kulissen von Künstlern gestaltet worden sind,

Besucherzentrum Geysir in Andernach

entsteht das Gefühl, ganz tief in der Erde zu sein. Nach dem Museumsbesuch geht es zum zweiten Teil der Geysir-Expedition: Die Fähre „MS Namedy" bringt die Gäste auf die Halbinsel zu einem 45-minütigen Aufenthalt an der sprudelnden Fontäne.

Info

Lage: Andernach liegt ca. 17 Kilometer nordwestlich von Koblenz.

Adresse: Konrad-Adenauer-Allee 40, 56626 Andernach

Website: *geysir-andernach.de*

Aktivitäten:

- Einen weiteren Kaltwassergeysir gibt es in Wallenborn im Landkreis Vulkaneifel – allerdings ist er sehr viel kleiner als sein großer Bruder in Andernach. Aus dem scheinbar friedlichen Brunnen mitten in der Ortslage beginnt es plötzlich zu brodeln, und nach und nach baut sich eine Fontäne mit neun Grad kaltem Wasser auf. Sechs Minuten lang sprudelt sie manchmal bis zu vier Meter in die Höhe, dann fällt sie wieder in sich zusammen. Nach 35 Minuten beginnt das Schauspiel von Neuem. Das Prinzip ist hier dasselbe wie beim Geysir in Andernach. Auch hier war eine Bohrung in den 1930er-Jahren der Grund für die Entstehung des „Brubbels", wie die Einheimischen ihre Fontäne liebevoll nennen.

HINWEIS: Da die Zahl der Besucher auf der Halbinsel Namedyer Werth begrenzt sind, empfiehlt es sich, seinen Besuch gut zu planen und sich gegebenenfalls auch über Voranmeldungen zu informieren (Ticketbuchungen über die Website). Für das Erlebniszentrum sollte man rund anderthalb Stunden einplanen, für die Fährüberfahrt, den Inselbesuch und die Rückfahrt weitere anderthalb Stunden. Die Schifffahrt und der Besuch des Geysirs sind barrierefrei möglich. Die Schiffsexkursion findet nur im Sommerhalbjahr statt.

6 Natur und Kultur auf Tuchfühlung

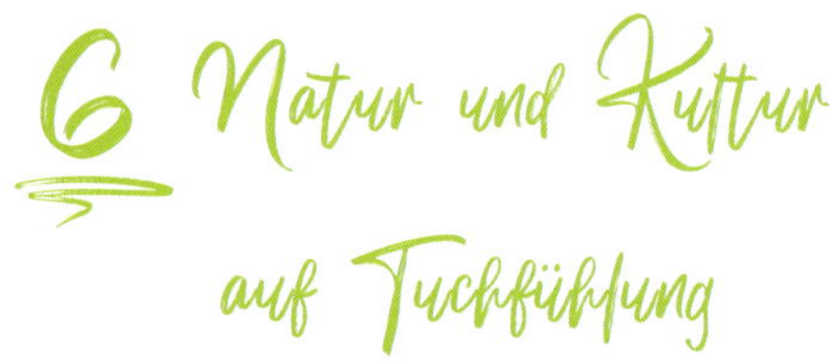

ABTEI MARIA LAACH UND LAACHER SEE

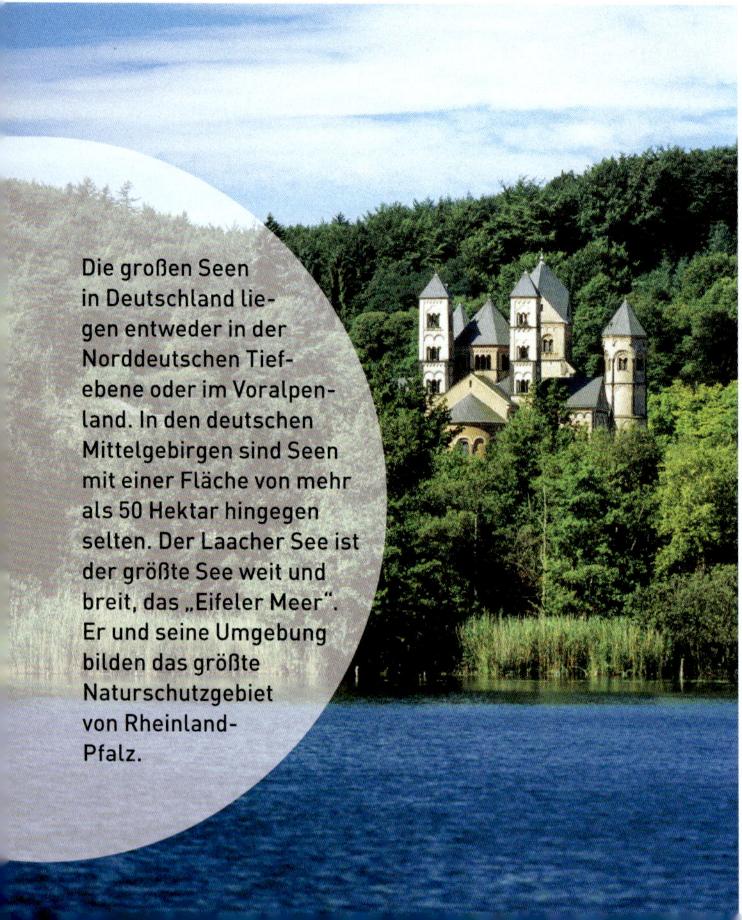

Die großen Seen in Deutschland liegen entweder in der Norddeutschen Tiefebene oder im Voralpenland. In den deutschen Mittelgebirgen sind Seen mit einer Fläche von mehr als 50 Hektar hingegen selten. Der Laacher See ist der größte See weit und breit, das „Eifeler Meer". Er und seine Umgebung bilden das größte Naturschutzgebiet von Rheinland-Pfalz.

Laacher See

Ursprünglich war der Laacher See sogar noch größer und zehn Meter tiefer als die im Mittel 18 Meter (51 Meter an der tiefsten Stelle) heute. Er reichte bis direkt an die Benediktiner-Abtei heran, die heute einige hundert Meter entfernt vom Seeufer steht. In einer bemerkenswerten technischen Leistung hatten die Mönche im 12. Jahrhundert den nach dem zweiten Abt des Klosters Fulbert genannten Stollen gegraben, um landwirtschaftliche Nutzfläche in dem Talkessel zu schaffen. Mitte des 19. Jahrhunderts wurde fünf Meter unter dem Niveau des Fulbert-Stollens ein weiterer unterirdischer Kanal ausgehoben, der Delius-Stollen, der den Wasserspiegel noch weiter absenkte.

Der Laacher See ist eine der interessantesten Naturerscheinungen Deutschlands. Auch wenn er vulkanischen Ursprungs ist, so ist er doch kein Maar, wie die anderen kreisrunden Seen in der Eifel. Vor 13.000 Jahren brach hier ein Vulkan mit einer Heftigkeit aus, wie sie seitdem Europa nicht mehr erschüttert hat. Mit der Wucht von 500 Hiroshima-Bomben explodierte der Laacher-See-Vulkan und schoss eine 30 Kilometer hohe Feuersäule in die Atmosphäre. Glutlawinen rasten strahlenförmig in die Umgebung und töteten in einem weiten Umkreis jedes Leben. Im benachbarten Brohtal war der Lavastrom 60 Meter hoch; ungefähr diese Höhe hat heute der Kirchturm von Brohl. Asche flog bis nach Skandinavien, Gesteinsbrocken schütteten im Neuwieder Becken den Rhein zu. Hinter dieser Barriere entstand ein Stausee bis weit in das obere Mittelrheintal südlich des heutigen Koblenz hinein.

Nach dem Ausbruch war unter der Erde ein Hohlraum entstanden. Die Decke über dieser nunmehr leeren Magmakammer stürzte ein. So entstand eine Caldera: das Becken des heutigen Laacher Sees. Der See speist sich allein aus Grund- und Regenwasser. Noch immer ist die Region vulkanisch aktiv. Am Ostufer des Laacher Sees sieht man nah am Ufer Gasbläschen im Wasser aufsteigen, sogenannte Mofetten: Kohlendioxid-Entgasungen des unruhigen Untergrunds. Im 19. Jahrhundert sind acht Novizen der Jesuiten, die damals die Abtei besiedelten, an diesen CO_2-Ausgasungen erstickt.

Abtei Maria Laach

Ist schon die Natur großartig, so steht die Kultur ihr nicht nach. Das Kloster St. Maria ad Lacum (Maria Laach) am Südwestufer des Sees ist ein Kleinod romanischer Baukunst und eine perfekte Verbindung zwischen Landschaft und Architektur. Ein beständiger Strom von Besuchern erreicht das Klostergelände praktisch jeden Tag des Jahres, zwei Millionen Tagesgäste sind es pro Jahr. Reizvolle Geschäfte – von der Gärtnerei bis zum preisgekrönten Buchladen (Buchhandlung des Jahres 2011/12) – laden zum Bummeln und Kaufen ein. Seit Kurzem gibt es auf einem ehemaligen Garagenhof auch eine architektonisch ansprechende Gaststätte mit Blick auf die sechstürmige Basilika, eines der schönsten romanischen Baudenkmäler Deutschlands.

Abtei und See sind Top-Ziele in der Eifel und gehören in jede Reiseplanung für diese Region. Das Benediktiner-Kloster aus dem 11. Jahrhundert hatte die Kaiserdome von Mainz, Worms und Speyer zum Vorbild. Allein die Westfassade der Kirche mit der Vorhalle, dem Paradies, ist ein Spiel an Symmetrie, das durch die Verwendung unterschiedlich farbiger Gesteine aus der Umgebung noch suggestiver wirkt.

Mittelschiff der Abteikirche

Neben der Kirche ist die Klosterbibliothek mit ihren 260.000 Bänden sehenswert. Der ältere Teil des Bestandes, die sogenannte Jesuitenbibliothek, wird in einem Saal aufbewahrt, dessen Schönheit seinesgleichen sucht. Da sich die Bibliothek innerhalb der Klausur befindet, ist sie nur mit Voranmeldung im Rahmen einer Führung zu besichtigen – es lohnt sich allemal.

Info

Lage: Abtei und See befinden sich etwa 15 Kilometer westlich von Andernach.

Adresse: Maria Laach, 56653 Glees

Website: *maria-laach.de*

Aktivitäten:

- Um das Gebiet des Laacher Sees zu erkunden, empfiehlt es sich, südlich des Sees zu starten und den Weg am Ostufer einzuschlagen zum Lydiaturm am Nordufer bei Wassenach. Dabei kommt man auch an den Mofetten vorbei und kann sich ein Bild von der blubbernden Aktivität des Eifel-Vulkanismus machen. Der Lydiaturm bietet eine ideale Aussicht auf das Seebecken und die Abtei. Am Westufer kann man dann weiterlaufen in Richtung Abtei und sich das Kloster und das bunte Treiben der Besucher anschauen sowie in der Gaststätte einkehren.
- Im Klosterforum gegenüber der Buchhandlung sind wechselnde Ausstellungen zu sehen. Dort läuft auch regelmäßig ein 20-minütiger Film, der Besucher in die Welt der Benediktiner und die Geschichte des Klosters einführt.

7 Schatzkammer historischer Wohnkultur

SCHLOSS BÜRRESHEIM

1921 fuhr Marie-Louise de Villenfagne de Sorinnes, geborene Gräfin von Renesse, mit ihrem Automobil in ein Pferdefuhrwerk und kam dabei ums Leben. Damit gingen rund 800 Jahre feudales Leben auf Schloss Bürresheim auf tragische Weise zu Ende, denn die Baronesse, die letzte Bewohnerin des Schlosses, war gerade einmal 32 Jahre alt geworden.

Der Unfall geschah elf Tage nach ihrer Hochzeit. Bürresheim kam durch Erbschaft an ihre Schwester in die angeheiratete Familie der Grafen von Westerholt, die die Anlage an den Provinzialverband der preußischen Rheinprovinz und damit an den Staat verkauften. Heute gehört Schloss Bürresheim dem Land Rheinland-Pfalz, das damit eine kunsthistorische und architektonische Perle besitzt – eine Schatzkammer adliger Wohnkultur, die eine ideale Kulisse für Hochzeiten und Historienfilme darstellt.

Das Schloss und sein Garten

Schloss Bürresheim ist eine der wenigen Anlagen in der Eifel – zu ihnen gehört auch Burg Eltz –, die praktisch im Originalzustand erhalten geblieben sind. Nie wurde es erobert oder gar zerstört. Es ist geradezu ein Märchenschloss, bestehend aus Wehr-, Wohn- und Repräsentationsbauten, die mit spitzen Dächern, verspielten Erkern und buntem Fachwerk verziert sind. Das Ganze entstand zwischen dem 12. und dem 17. Jahrhundert und ist mit einer Fülle von Möbeln und Gemälden ausgestattet, die ihresgleichen suchen. Noch jede Generation, die in den 800 Jahren auf dem Schloss lebte, hat dem Ensemble etwas hinzugefügt. So ist ein Gesamtkunstwerk entstanden, das wie kaum an einem anderen Ort die Entwicklung von einer mittelalterlichen Wehranlage zu einem barocken Schloss des niederen Adels zeigt. Es kann bei einer Führung besichtigt werden.

Allein schon die Lage ist sehenswert. Schloss Bürresheim befindet sich im Tal der Nette in der Nähe von Mayen auf einem langgestreckten Hügel, der von drei Seiten von dem Fluss umströmt wird. Am Fuß der Burg liegt ein barocker Terrassengarten von 1683, der 1952 rekonstruiert wurde. Im Grunde genommen besteht die Anlage aus zwei ehemaligen Burgen, denn kurioserweise hatten die Kölner und die Trierer Erzbischöfe die Zeichen ihrer Macht auf dem Felsen oberhalb der Nette direkt nebeneinander gesetzt. Die Nachbarschaft der beiden geistlichen Territorien war nicht immer friedlich. Die Kölner Burg ist heute eine Ruine, während sich aus der Trierer Burg über die Jahrhunderte das heutige Schloss entwickelte.

Der Burghof mit seinen spätgotischen Fassaden, den Arkaden der offenen Sommerküche, dem Prunkportal und dem Bergfried stellt ein Kleinod der Burgenarchitektur dar. Hier beginnen die Führungen, auf denen der Besucher unter anderem die gewaltige Küche sehen kann, dem gesellschaftlichen Mittelpunkt der Anlage – denn hier wurden die Mahlzeiten eingenommen, hier versammelte sich die Familie im Winter am großen Kamin. Schlafzimmer, Jagd-

Ein Schloss im Originalzustand

Schloss und Ruine nebeneinander

zimmer, Marschallzimmer, Rittersaal, das Mainzer Zimmer mit seinem ungewöhnlichen Rundofen, Sakristei und Kapelle sowie Blauer Salon und Ahnensaal vermitteln einen Eindruck von der Lebenswelt des Adels in früheren Jahrhunderten. Dazu gehörten auch Wappen und eine Tapete aus Leder. Ganz nebenbei lernt der Besucher auch noch, was es mit dem Satz „etwas auf die hohe Kante legen" auf sich hat. Soviel sei verraten: Es hat etwas mit dem Schlafzimmer zu tun ...

Info

Lage: Schloss Bürresheim liegt etwa fünf Kilometer nordwestlich von Mayen.

Website: *kulturerbe-eifel-mosel.de/de/schloss-buerresheim*

HINWEIS: Schloss Bürresheim ist wegen seiner kompletten historischen Ausstattung mehrfach Kulisse für Filme gewesen. So wurde hier der Märchenfilm „Rumpelstilzchen" gedreht. Auch Szenen aus dem Film „Indiana Jones und der letzte Kreuzzug" mit Harrison Ford und Sean Connery entstanden auf Schloss Bürresheim.

8 Auf schmaler Spur hoch hinaus

„VULKAN-EXPRESS“ IM BROHLTAL

Kleinen und großen Eisenbahnfreunden schlägt das Herz in Brohl-Lützing am Rhein höher. Hier startet direkt neben dem DB-Bahnhof die einzige Touristikeisenbahn der Eifel. Der „Vulkan-Expreß“ der Brohltalbahn bringt Fahrgäste auf die Höhen der Osteifel.

400 Höhenmeter müssen die schnaufenden Diesselloks dabei überwinden – an besonderen Tagen zieht auch die Dampflok „11-SM“ den Zug. Bei einer Höchstgeschwindigkeit von 20 Kilometer in der Stunde ist die Fahrt mit der Brohltalbahn ein überaus gemütliches Vergnügen, nicht nur für Eisenbahnenthusiasten.

Zunächst geht es entlang des Brohlbachs vorbei an Schweppenburg, Bad Tönisstein und Burgbrohl bis Niederzissen. Die Strecke führt über mehrere Viadukte und durch einen hundert Meter langen Tunnel. In Niederzissen gibt es dann eine kleine Pause. Vor den Bahnübergängen ertönt der markante Pfiff der Lok. Dieses laute „Achtung, hier komme ich!“ ist längst zu einem charakteristischen akustischen Ausrufungszeichen des Brohltals geworden.

Hinter Oberzissen beginnt dann die steilste Schmalspurstrecke Deutschlands, die noch ohne Zahnrad-Hilfe überwunden werden kann. Hier verringert sich das beschauliche Tempo des Zuges nochmals deutlich – fast auf Schrittgeschwindigkeit. Der Lokführer muss bei

Der Vulkan-Expreß

Nässe ordentlich Sand vor die Räder geben, damit noch genug Reibung vorhanden ist. Die Landschaft verändert sich, ein fast voralpenhaftes Panorama zieht nun vor den Fenstern der historischen Waggons vorbei. Die Burg Olbrück taucht hinter sattgrünen Wiesen auf. Wanderwege kreuzen die Schienen der Schmalspurbahn. Kinder winken.

Kurz vor Engeln auf mehr als 450 Meter Höhe zieht der Zug noch eine letzte Schleife um einen Wohnplatz mit dem bemerkenswerten Namen Fußhölle, dann ist nach anderthalb Stunden Fahrtzeit die Endstation Engeln erreicht. Der Bahnhof befindet sich abseits des Dorfs. Hier bietet sich die Einkehr in der gemütlich eingerichteten Gastwirtschaft „Vulkan-Stube" an oder ein Besuch im Geogarten, wo auf rund 1000 Quadratmetern spielerisch erdgeschichtliches Wissen vermittelt wird – das ist insbesondere für Familien mit Kindern interessant.

Mit dem Bus können von Engeln aus weitere Ausflugsziele angefahren werden. Für Fahrradfahrer beginnt hier die aussichtsreiche Rückfahrt über die Höhenrücken der Eifel an den Rhein. Im Güterwagen hinter der Lok werden Fahrräder kostenlos mitgenommen. Oder man wandert die neun Kilometer über ein Stück des Osteifelwegs zum Kloster Maria Laach, von wo aus Busse in alle Himmelsrichtungen fahren (unter anderem zurück zum Bahnhof Engeln)

Viadukt im Brohltal

und die Gäste wieder an ihre Ausgangspunkte bringen. Wer noch mehr Eisenbahnglück genießen will, kann natürlich auch mit dem Zug wieder nach Brohl zurückfahren.

Hinter dem „Vulkan-Expreß" steht ein Verein mit rund 300 Mitgliedern, von denen etwa 30 den Fahrbetrieb aufrecht erhalten. Im Sommerhalbjahr schnauft der Express ein- bis zweimal täglich (außer montags) von Brohl nach Engeln hoch, im Winter gibt es an jedem zweiten Sonntag Fahrten. Bei schönem Wetter wird ein

Cabriowagen angehängt, von dem man aus ein derart unmittelbares Eisenbahnerlebnis hat wie sonst wohl nirgends.

Die Strecke selbst wurde 1901 gebaut und diente ursprünglich dazu, das im Hinterland gewonnene Vulkangestein an den Rhein zu transportieren, wo es dann verschifft wurde. Noch heute gibt es Güterverkehr auf der Trasse. Touristisch genutzt wird die Bahnstrecke seit 1977. Mehr als 60.000 Fahrgäste im Jahr genießen das Erlebnis einer Zugfahrt, wie es Uroma und Uropa kannten.

Info

Lage: Brohl-Lützing liegt etwa zwölf Kilometer nordwestlich, Engeln etwa 20 Kilometer westlich von Andernach.

Website: *vulkan-express.de*

Einkehren:

- Vulkan-Stube: im Bahnhofsgebäude Engeln, 56746 Kempenich, *engeln-gastro.de*

Aktivitäten:

- Vom Bahnhof Bad Tönisstein können auf einem 2,5 Kilometer langen Fußweg die Trasshöhlen durchquert und die Wolfsschlucht mit Wasserfall erkundet werden. *eifel.info/a-trasshoehlen*
- Vom Bahnhof Oberzissen ist in vier Kilometern die Burg Olbrück zu erreichen, in drei Kilometern das Rodder Maar und ein SwinGolf-Platz. *eifel.info/a-burg-olbrueck, eifel.info/a-rodder-maar*
- Wenige hundert Meter vom Bahnhof Niederzissen entfernt befindet sich die ehemalige Synagoge mit angeschlossenem Museum. *ehem-synagoge-niederzissen.de*
- Ab Bahnhof Engeln fahren stündlich Busse nach Maria Laach (siehe Tipp 6) sowie zur Vulkan-Brauerei Mendig (*vulkan-brauerei.de*) und zum Vulkanmuseum „Lava-Dome" in Mendig (siehe Tipp 2). Mit Umstieg sind weitere Ziele, zum Beispiel Schloss Bürresheim (siehe Tipp 7), erreichbar.

9 Mekka für Geotouristen

WINGERTSBERGWAND

Die Wingertsbergwand bei Mendig in der Nähe des Laacher Sees ist eine der beeindruckendsten geologischen Formen der Eifel – ein erdgeschichtliches Denkmal von globaler Bedeutung. Forschungen an dieser Wand haben maßgeblich zur Klärung vulkanologischer Phänomene beigetragen.

Es ist ein Glück, dass der Gesetzgeber einem Steinbruchunternehmen die weitere Suche nach dem begehrten Mendiger Basalt in diesem Bereich untersagt hat und die Abbaukante unter Bodendenkmalsschutz stellte. So ist dieser Ort inzwischen als „Nationales Geotop" klassifiziert und der Nachwelt erhalten geblieben.

Die mächtigen Ablagerungen dieser Steilwand stammen vom Ausbruch des Laacher See-Vulkans vor rund 13.000 Jahren (siehe Tipp 6). Der Wingertsberg war einst von einer Bimsdecke verhüllt. Der Name Wingert heißt so viel wie Weingarten oder Weinberg und deutet auf die frühere Nutzung hin.

Durch den späteren Schlackenabbau wurde der Berg zu einem guten Teil weggebaggert, sodass die heute offen liegende, bis zu 50 Meter hohe Wand quasi ein Schnitt durch den Berg ist. Wie bei einem Stück Schwarzwälder-Kirschtorte zeigt sich hier der innere Aufbau – und der lässt jedes Geologenherz höher schlagen und beeindruckt auch Besucher, die normalerweise nicht viel mit Gesteinen, Vulkanen und Erdgeschichte zu tun haben.

Im Hintergrund der Laacher See

50 Meter hoch ist die Wand

Die Wingertsbergwand ist praktisch ein offen liegendes Tagebuch der letzten zehn Tage des Laacher-See-Vulkanausbruchs. Die „Tinte" dieses Tagebuchs sind Bims und Tuff, seine „Schrift" die verschiedenen, grau-gelblich gefärbten Schichten, die sich hier abgelagert haben. Gelesen wird das Tagebuch von unten nach oben; unten liegen die älteren Schichten, je höher man kommt, desto jünger werden die Gesteinsstreifen. Die Abfolge, die Dicke und die Zusammensetzung verraten demjenigen, der sie lesen und deuten kann, eine Menge über das damalige Ausbruchsgeschehen. Für den Laien sind die Forschungsergebnisse gut verständlich auf verschiedenen Infotafeln entlang der Wand dargestellt und zusammengefasst.

Die Wissenschaftler konnten übrigens nicht nur den Ablauf des Vulkanausbruchs herauslesen, sondern auch, wie die Eifel vor der großen Naturkatastrophe von einst ausgehen haben muss. Die Vegetationsfunde innerhalb der verschiedenen Schichten zeigen, dass damals das Klima feuchter und kühler als heute gewesen sein muss – ähnlich dem heute im mittleren Schweden. Es wuchsen hier Eichen, Linden, Kiefern und Haselnusssträucher. Klar wurde auch, dass das damalige idyllische Landschaftsbild der Osteifel innerhalb weniger Sekunden durch den Laacher-See-Vulkanausbruch zerstört wurde – ungefähr wie bei einer Atombombenexplosion. Was man merkwürdigerweise nirgends rund um den Laacher See gefunden hat, sind Knochenreste der Menschen. Sie mussten aber damals schon als Jäger und Sammler die Region bevölkert haben. Vielleicht hatte sich der Vulkanausbruch durch austretenden Rauch oder durch Erdbeben angekündigt, sodass unsere Vorfahren rechtzeitig das Weite suchten.

Lage: Die Wingertsbergwand liegt etwa drei Kilometer nördlich von Mendig.

Website: *vulkanpark.com/entdecken/denkmaeler/wingertsbergwand*

Aktivitäten:

- Wer eine weitere geologische Wand besuchen und sich von ihrer Macht begeistern lassen möchte, dem sei die Ettringer Lay zwischen Ettringen und Mayen empfohlen, etwa zwölf Kilometer von der Wingertsbergwand entfernt. Lay (mal mit a, mal mit e geschrieben) heißt im Moselfränkischen so viel wie „Fels" und findet sich gern in den Bezeichnungen von Weinlagen oder auch – ganz berühmt – im Namen der Loreley am Rhein. Die Ettringer Lay ist ein Querschnitt durch einen gewaltigen Lavastrom, der beim Ausbruch des nahen Bellerberg-Vulkans austrat, ein ganzes Tal verfüllte und schließlich zu Basaltstein erkaltete. Dieser wurde seit Mitte des 19. Jahrhunderts abgebaut, um daraus Mühlsteine herzustellen. Bis zu 40 Meter hoch ragen die Basaltsäulen auf. Die Ettringer Lay gehört heute zum Nationalen Geopark Laacher See und ist ein ausgezeichnetes Kletterrevier, das gerne von der Koblenzer Sektion des Deutschen Alpenvereins genutzt wird. Ettringer Lay und Wingertsbergwand können – je nach Witterung – ganzjährig besucht werden. *eifel.info/a-ettringer-lay-vulkanpark*

10 Ein Meteoritenkrater

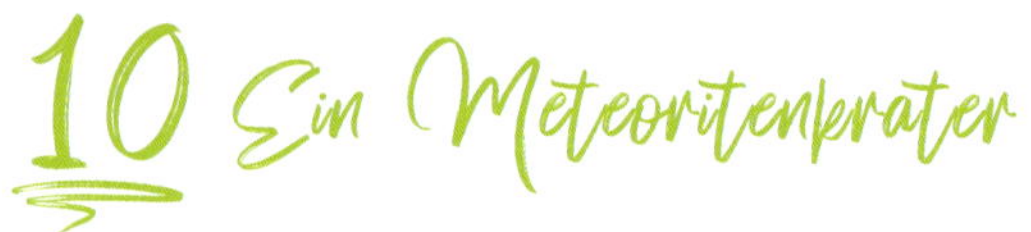

RODDER MAAR

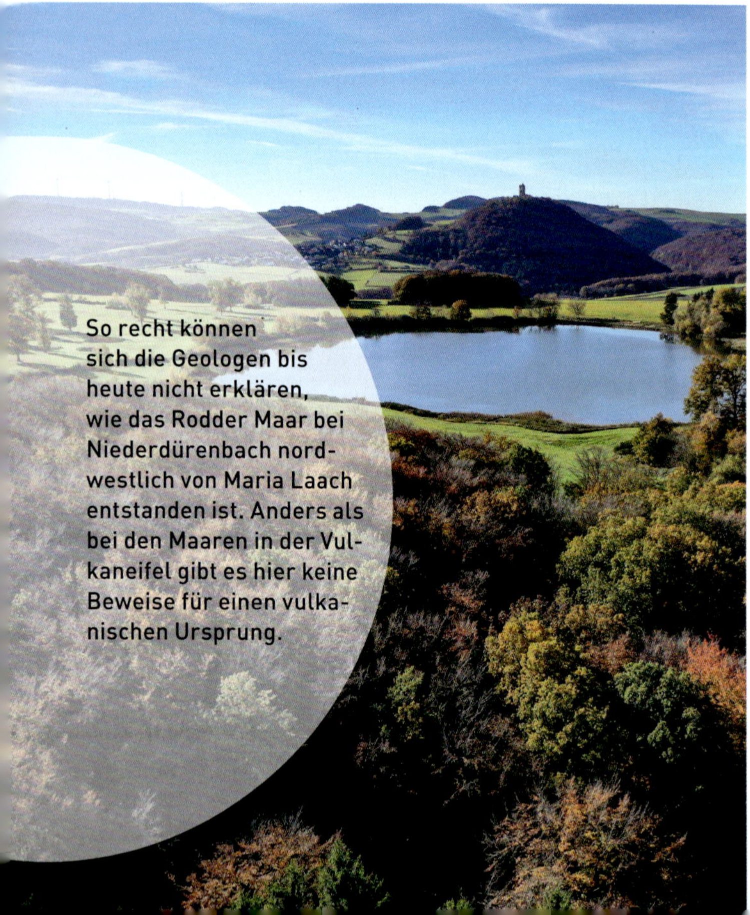

So recht können sich die Geologen bis heute nicht erklären, wie das Rodder Maar bei Niederdürenbach nordwestlich von Maria Laach entstanden ist. Anders als bei den Maaren in der Vulkaneifel gibt es hier keine Beweise für einen vulkanischen Ursprung.

Es wird angenommen, dass der Krater in den vergangenen 2,7 Millionen Jahren, im sogenannten Quartär, durch einen Meteoriteneinschlag entstanden ist. Diese wissenschaftliche These verleiht dem Rodder Maar ein Alleinstellungsmerkmal in der Eifel, denn so etwas gibt es hier kein zweites Mal. Meteoriteneinschläge sind in Deutschland ohnehin selten; der größte Meteorit – und auch der landschaftsprägendste – schlug vor knapp 15 Millionen Jahren in Süddeutschland ein und schuf den Krater des Nördlinger Rieses mit seinen 24 Kilometern Durchmesser.

Ringelnatter

Wenn das Rodder Maar ein Meteoritenkrater ist, dann ist seine Bezeichnung Maar natürlich falsch, denn Maare sind stets vulkanischen Ursprungs. Aber das kann dem Besucher egal sein, wenn er diesen lieblichen, flachgründigen See mit seiner sieben Hektar großen, fast kreisrunden Fläche auf einem abwechslungsreichen Spaziergang umrundet. Der Legende nach ist der See entstanden, als eine junge Maid auf der nahen Burg Olbrück (siehe Tipp 11) so lange weinte, bis ihr Herzensprinz zu ihr zurückkehrte und der Tränensee im Brohltal dazu diente, ihm das Übersetzen zu erleichtern.

Keine Legende ist hingegen, dass Tone aus Verwitterungen den Grund füllten und dazu führten, dass der Seegrund wasserun-

Das Rodder Maar ist fast kreisrund

durchlässig wurde. Regen und einige kleinere Quellen in der Nähe ließen einen See entstehen – und eine Abfolge von Nutzungen begann, die wechselhafter nicht sein konnte.

Um 1800 diente das Maar als Fischteich für die Herren der Burg Olbrück. Im weiteren Verlauf des 19. Jahrhunderts wurde der See in Zeiten der Not trockengelegt, um landwirtschaftliche Nutzfläche zu gewinnen. 1860 wurden dort, wo heute Wasser ist, Feldfrüchte angebaut. Das aber ging nicht lange gut. Weil der feuchte tonhaltige Boden nur schlechte Erträge lieferte, ließ man die Senke wieder volllaufen, bis sie in den Hungerjahren nach dem Ersten Weltkrieg ein zweites Mal trockengelegt und als Viehweide genutzt wurde. 1935 war auch das vorbei, wieder flutete man die Fläche. 1948 wurde das Wasser nochmals abgelassen, erneut entstand eine Weide. Als selbst die nicht mehr lukrativ war, entwickelte sich nach der Renaturierung zwischen 1995 und 1998 eines der schönsten Naturgewässer der Region.

Der See des Rodder Maars ist Mittelpunkt eines Biotops, das vor allem Naturbegeisterte einlädt, seine vielfältige Fauna und Flora zu entdecken. Ringelnatter und etliche Libellenarten sind hier zu Hause, und auch seltene Greifvögel wie der Schwarzmilan und die

Rohrweihe wurden gesichtet. Ein Fernglas dabeizuhaben, ist nicht falsch. Im Sommer lassen sich in lauen Nächten zahlreiche Fledermäuse auf ihren Beutezügen beobachten. Besonders schön ist der Blick vom Nordostufer über die Wasserfläche Richtung Südwesten auf die Burgruine Olbrück. Auf den Bänken lässt sich beim Blick über die liebliche Wasserfläche vortrefflich darüber nachsinnen, ob der Herzensprinz tatsächlich übergesetzt hat.

Info

Lage: Das Rodder Maar liegt etwa 20 Kilometer nordwestlich von Mayen.

Website: *eifel.info/a-rodder-maar*

Aktivitäten:

- Vom Rodder Maar lohnt sich ein Spaziergang zum knapp zwei Kilometer entfernten Königssee bei Oberdürenbach. Der See liegt in einem von drei tertiärzeitlichen Vulkankratern im Brohltal, dem Steinberg. Er ist rund 35 Millionen Jahre älter als der mit 13 000 Jahren junge Krater des Laacher See-Vulkans. Der am Steinberg anstehende Basalt eignete sich ganz hervorragend für den Straßen- und den Deichbau, weswegen vor gut hundert Jahren begonnen wurde, ihn abzubauen. Schnell war die Bergkuppe verschwunden, und als die Arbeiter des Steinbruchs immer tiefer gruben, stießen sie auf zwei Quellen, die in der entstandenen Grube bald einen See speisten – den überaus romantisch gelegenen Königssee. Noch heute sieht man am Ufer waagerecht liegende Basaltsäulen mit ihren charakteristischen fünf oder sechs Ecken. 1942 wurde die Steingewinnung eingestellt.
- Ein Zeugnis der Steinindustrie in der Region ist auch eine Spannstation, die auf dem Weg vom Parkplatz zum Rodder Maar nicht zu übersehen ist. Sie stellt ein seltenes industriegeschichtliches Denkmal dar und diente dazu, die Seile der 1927 errichteten Seilbahn zwischen Königssee und dem Steinbrechwerk Niederzissen zu spannen.

11 Historischer Erlebnispark

BURG OLBRÜCK

In der Zeit ihres Baus durch die Grafen von Wied verloren viele Burgen bereits ihren reinen Festungscharakter und wurden zu befestigten Wohnanlagen. Um 1190 wurde die Burg der Kölner Lehenshoheit unterstellt. Weil diese mehrere Lehensträger zuließ, baute man Olbrück für verschiedene Familien aus, was die ungewöhnliche Größe der Anlage erklärt. Doch anders als etwa auf der Burg Eltz, wo man nachbarschaftlich-friedlich zusammenlebte, geriet die Burg Olbrück zum Zankapfel und zum Objekt langwieriger Erbstreitigkeiten. 1689 brannten die Franzosen sie nieder, dann wurde sie wiederaufgebaut und 1797 endgültig verlassen. Kurz darauf verkauften die Franzosen sie zum Abriss, der Rest verfiel weitgehend.

Burg Olbrück liegt auf einer Bergkuppe aus Phonolit, einem besonderen Gestein. Phonolit heißt „Klingstein"; wenn man ihn anschlägt, gibt er einen hellen Ton. Die Höhenburg Olbrück ist eine der ältesten und größten ihrer Art in der Eifel. Sie stammt aus dem 11. Jahrhundert und war Mittelpunkt einer zehn Dörfer umfassenden Herrschaft.

Hingucker in der immer noch eindrucksvollen Anlage ist der 34 Meter hohe, in Gänze erhaltene und in seiner Art fast einzigartige Bergfried aus den Jahren um 1390, der einst erstaunlichen Wohnkomfort bot. Er gilt als einer der großartigsten Wohntürme des 14. Jahrhunderts in Deutschland. Die Wände sind bis zu fünf Meter dick und haben abgerundete Ecken, um Beschuss besser trotzen zu können. Alle fünf Stockwerke weisen als Besonderheit Gewölbedecken auf. Das heutige Erdgeschoss war ursprünglich das Verlies, in das man Vorräte von oben in den einstmals türlosen Raum abseilte. Das erste Obergeschoss wurde als Wachstube genutzt, das darüber liegende Stockwerk diente als Wohnraum, über dem wiederum die Schlafgemächer der hier lebenden Familie lagen.

Hingucker: der Bergfried

Seit 1980 steht die Anlage unter Denkmalschutz. Nach umfangreichen Restaurierungsarbeiten in den Jahren 1999 bis 2001 ist sie mit zehn audiovisuellen Erzählstationen ausgestattet, an denen vom mittelalterlichen Leben auf der Burg berichtet wird. Geschichte wird so auf ungewöhnliche Weise erlebbar. Dieser historische Erlebnispark ist für Kinder und Erwachsene gleichermaßen spannend und informativ. Der Turm ist begehbar (143 Stufen), und von der Wehrplatte bietet sich ein herrlicher Rundumblick. Bei gutem Wetter sind sogar in der Ferne die Spitzen des Kölner Doms zu sehen. Jährlich genießen rund 20.000 Besucher diese Aussicht.

Info

Lage: Die Burg Olbrück liegt ca. 17 Kilometer nördlich von Mayen.

Adresse: Burgstraße 1, 56651 Niederdürenbach-Olbrück

Website: *eifel.info/a-burg-olbrueck*

HINWEIS: Zwischen April und Oktober finden Burgführungen statt.

Östliche Vulkaneifel
Weinfelder Maar

Östliche Vulkaneifel

12. Von Mäusen von Menschen: Neroth
13. Eines schöner als das andere: Dauner Maare
14. Auge in Auge mit großen Tieren: Wildpark Daun
15. Den Sternen nahe: Observatorium Hoher List
16. Der Atem der Vulkane: Gelenberger Mofette
17. Zu Gast bei Binsenjungfer und Braunkehlchen: Gillenfelder Maare
18. Jüngster Vulkan: Ulmener Maar
19. Hotspot im Gesundland: Bad Bertrich
20. Der höchste der Eifel: Klidinger Wasserfall

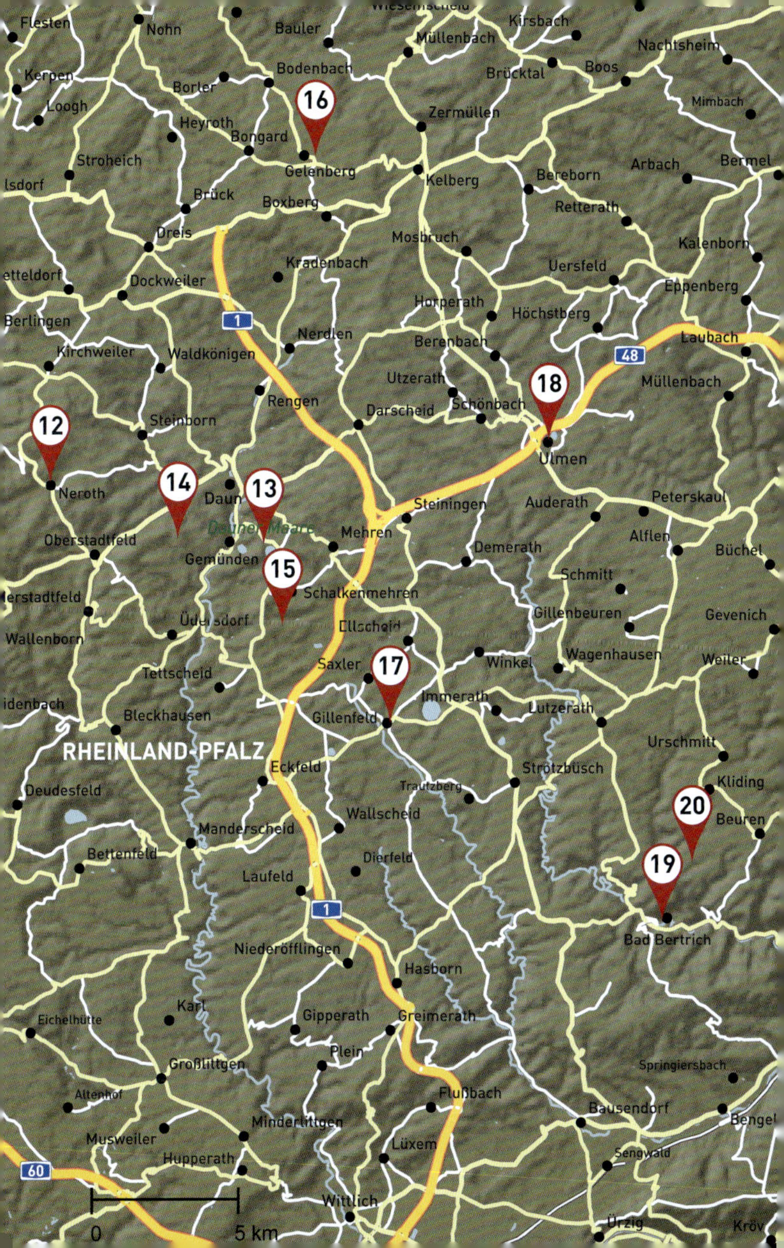

Flesten
Nohn
Bauler
Müllenbach
Kirsbach
Nachtsheim
Kerpen
Borler
Bodenbach
16
Brücktal
Boos
Loogh
Heyroth
Bongard
Zermüllen
Mimbach
Stroheich
Gelenberg
Kelberg
Bereborn
Arbach
Bermel
Brück
Boxberg
Retterath
Dreis
Mosbruch
Kalenborn
Kradenbach
Uersfeld
Dockweiler
Eppenberg
1
Horperath
Höchstberg
Berlingen
Nerdlen
Berenbach
Laubach
48
Kirchweiler
Waldkönigen
Utzerath
Müllenbach
18
Rengen
Darscheid
Schönbach
12
Steinborn
Ulmen
14
13
Neroth
Daun
Steiningen
Auderath
Peterskaul
Mehren
Alflen
Oberstadtfeld
Gemünden
Demerath
Büchel
15
Schmitt
Schalkenmehren
Gillenbeuren
Gevenich
Wallenborn
Wagenhausen
Weiler
Saxler
17
Winkel
Tettscheid
Immerath
Lutzerath
Gillenfeld
Bleckhausen
Urschmitt
RHEINLAND-PFALZ
Eckfeld
Strotzbüsch
Kliding
Trautzberg
Deudesfeld
Wallscheid
20
Beuren
Manderscheid
Bettenfeld
Dierfeld
19
Laufeld
1
Bad Bertrich
Niederöfflingen
Hasborn
Karl
Eichelhütte
Gipperath
Greimerath
Plein
Großlittgen
Springiersbach
Altenhof
Flußbach
Bausendorf
Bengel
Minderlittgen
Musweiler
Lüxem
Sengwald
Hupperath
60
Wittlich
Ürzig
Kröv
0
5 km

12 Von Mäusen von Menschen

NEROTH

Anfang des 19. Jahrhunderts war die Not in der Eifel groß. Ein Vulkanausbruch in Indonesien verdüsterte weltweit den Himmel. 1816 ging als das „Jahr ohne Sommer" in die Geschichte ein. Halb Europa hungerte. Viele Menschen wanderten aus.

Doch die Nerother hatten eine andere Idee. Einer von ihnen, Theodor Kläs, lernte auf einer Wanderschaft von slowakischen Kesselflickern das Drahtbindehandwerk. Zurückgekehrt in sein Heimatdorf, das damals nur gut 300 Einwohner hatte, gab er sein Wissen weiter. So wurde fast das ganze Dorf zu einem Zentrum der Heimindustrie, das der Not im Land mit Erfindergeist und Fleiß trotzte.

Exponate aus Draht

Die Nerother wurden vor allem bekannt mit ihren aus Draht, später auch aus Holz gefertigten Mausefallen, die sie in ganz Deutschland anboten. Die Nerother Hausierer zogen bis nach Königsberg, nach Regensburg oder an den Bodensee, um von Haus zu Haus Mausefallen zu verkaufen. Der Vertrieb wurde nach und nach perfektioniert, ebenso erweiterten die tüchtigen Dorfbewohner in der Eifelheimat ihre Produktpalette um Schneebesen, Salatschleudern, Blumenkörbe, Kuchenuntersetzer und was man sonst noch so alles aus Draht machen kann. Bis weit in die zweite Hälfte des 20. Jahrhunderts funktionierte dieses Geschäftsmodell. Neroth war nicht das einzige Dorf in der Eifel, das sich auf diese Weise auch in schlimmen Zeiten über Wasser hielt, aber es ist das wohl bekannteste.

Das liegt nicht zuletzt an dem Image, das die Nerother als *die* Mausefallengemeinde aufgebaut haben und das wiederum vor allem auf dem liebevoll gestalteten Museum am Mühlenweg direkt gegenüber der Kirche in der denkmalgeschützten Alten Schule von 1844 gründet. Seit 1990 erinnert es an die den Ort prägende Mausefallenindustrie und die deutschlandweiten Handelsbeziehungen

Blick in die Museumswerkstatt

der Nerother. Das Museum beherbergt eine einzigartige von in Neroth hergestellten Drahtwaren, zudem eine Sammlung von Mausefallen aus aller Welt. Höhepunkt ist neben einer Heimarbeiterstube gewiss eine Werkstatt von 1884 aus der benachbarten alten Mühle mit originalen Maschinen. Die hier arbeitenden Mausefallenmacher ergänzten gängige Maschinen nach eigenen Ideen, um die Arbeit am Holz und am Draht zu vereinfachen: Biegewerkzeuge, Maßbretter und Maschinenkombinationen – und das auch noch erstaunlich unfallsicher!

Doch steht Neroth nicht nur für Mausefallen, sondern auch für die Jugendbewegung der Wandervögel. Der Nerother Wandervogel (NWV) ist einer der letzten bestehenden Wandervogelbünde, die ihre Wurzeln in der historischen Jugendbewegung im letzten Drittel des 19. Jahrhunderts haben. Der NWV wurde in der Silvesternacht 1919/20 durch die Brüder Robert und Karl Oelbermann in der Mühlsteinhöhle an der Ruine der Burg Freudenkoppe gegründet. Diese befindet sich auf dem steil aufragenden Vulkankegel des Nerother Kopfs neben der Ortsgemeinde. Eine Wanderung dorthin erfordert Puste; es geht steil nach oben! Der Ausflug lohnt sich aber, denn die Ruine einer spätmittelalterlichen Burg von 1340 ist ein mystischer Ort wie aus einem Fantasy-Film mit allen Zutaten, die es braucht: verwitterte Burgengemäuer, eine Höhle, ein lichter Wald und Fledermäuse. Ein Rastplatz lädt dazu ein, die Szenerie auf sich wirken zu lassen.

Geht man auf der gegenüberliegenden Seite den Berg wieder hinunter, kommt man zum „Sturmpfad“. Dem Orkan Xynthia fielen hier 2010 zahlreiche Bäume zum Opfer. Zur Dokumentation wurden die gefallenen Bäume mit Holzstegen überbaut; sie gewähren nachdrückliche Einblicke in die Folgen einer solchen Naturgewalt.

Burgruine Freudenkoppe

Info

Lage: Neroth liegt etwa zehn Kilometer westlich von Daun.

Aktivitäten:

- Eifelsteig: Am Ort führt die zehnte Etappe des Eifelsteigs von Gerolstein nach Daun vorbei. *eifelsteig.de/a-eifelsteig-etappe-10*
- Mausefallenmuseum: Das Museum wird betrieben vom Heimatverein Neroth; Mühlenweg 1A, 54570 Neroth, *neroth.de/vereine/mausefallenmuseum*

Einkehr:

- Café-Restaurant Mausefalle: Hauptstraße 42, 54570 Neroth, *mausefalle-neroth.de*
- Hotel-Restaurant Zur Neroburg: Hauptstraße 29, 54570 Neroth, *neroburg.de*

13 Eines schöner als das andere

DAUNER MAARE

„Die Augen der Eifel" hat die aus Trier stammende Schriftstellerin Clara Viebig die Maare genannt. Die drei Dauner Maare – das Schalkenmehrener Maar, das Weinfelder Maar und das Gemündener Maar – sind ein vielbesuchtes Highlight in der Vulkaneifel.

Schalkenmehrener Maar

Eigentlich sind es sogar vier Maare: Eine erste vulkanische Dampfexplosion vor zehntausenden Jahren ließ ein Maar entstehen, das kurz darauf vom Ausbruch eines weiteren Vulkans verschüttet wurde. Heute stellt sich das Schalkenmehrener Maar deshalb als Doppelmaar dar. An Stelle des älteren, östlichen Maars hat sich ein artenreiches Moor gebildet; der zweite Ausbruch hinterließ einen mit 21 Metern relativ flachen Maarsee, an dessen Ufer heute die Ortsgemeinde Schalkenmehren mit ihrem im Sommer fast mediterran anmutenden bunten Treiben liegt.

Das benachbarte Weinfelder Maar ist mit 487 Meter Höhe das höchstgelegene Maar in Deutschland. Die charakteristische Kapelle am Nordufer war die Kirche des untergegangenen Dorfes Weinfeld. Im 16. Jahrhundert wütete in der Eifel die Pest, der alle Einwohner bis auf Pastor Peter von Mehren zum Opfer fielen; er zog 1562 als letzter Einwohner Weinfelds nach Schalkenmehren. Erhalten geblieben von dem Dorf ist neben der Kapelle nur der Friedhof, heute von der Ortsgemeinde Schalkenmehren genutzt. Der Friedhof ist der Grund, weshalb das Weinfelder Maar auch Totenmaar genannt wird.

Weinfelder Maar

Das 51 Meter tiefe Maar war um 1900 einer der Lieblingsorte der Schriftstellerin Clara Viebig. Hier spielt eine ihrer bekanntesten Novellen, „Am Totenmaar". Darin fasst sie die eigentümlich melancholische Stimmung zusammen, die selbst an sonnigen Sommertagen vom Weinfelder Maar ausgeht, in folgende Worte: „Einst tobten unterirdische Gewalten da unten, Feuer- und Lavamassen wurden emporgeschleudert, jetzt füllt eine glatte Flut das Becken wie Tränen eine Schale."

Gemündener Maar

Das dritte der Dauner Maare, das Gemündener Maar, ist zugleich das kleinste dieser Maargruppe. Umgeben von dichten Wäldern liegt es nur durch einen schmalen Grat getrennt direkt neben dem Liesertal. Der Maarsee ist 39 Meter tief und von unergründlichem Blaugrün. Ein spektakulärer Blick auf das Gemündener Maar bietet sich vom Dronketurm auf dem Mäuseberg nebenan. Der Turm wurde 1913 errichtet und erinnert an den Gründer des Eifelvereins, Adolf Dronke. Auch heute noch ist das Bauwerk ein gern besuchtes touristisches Ziel.

Am Schalkenmehrener Maar und am Gemündener Maar gibt es Badeanstalten, während das Weinfelder Maar streng geschützt ist. Kinder und Erwachsene lassen sich von der Ziegenherde und der Gruppe Ponys am Rand des Weinfelder Maars und auf dem Mäuseberg begeistern. Durch diese natürlichen Rasenmäher soll die Verbuschung verhindert und der ökologisch wertvolle Magerrasen erhalten bleiben. Die Tiere gehören zum nahe gelegenen Weinfelder Hof, der nachhaltige Landwirtschaft betreibt und 2012 als Partnerbetrieb Naturschutz anerkannt wurde. Charakteristisch ist das dort nach englischem Vorbild errichtete sogenannte Roundhouse für das Vieh. Es gliedert sich in acht großzügige Stallabteile. Das Stallkonzept verbessert die Tiergesundheit und erleichtert den Umgang mit den Tieren. Durch die offenen Seiten und die hohe Öffnung in der Mitte des Dachs ergibt sich für die Tiere ein besonders angenehmes Stallklima.

Info

Lage: Die Dauner Maare liegen drei bis sechs Kilometer südöstlich der Kreisstadt Daun.

Aktivitäten:

- Eifelsteig: zehnte Etappe von Gerolstein nach Daun, elfte Etappe von Daun nach Manderscheid; *eifelsteig.de/a-eifelsteig-etappe-10* und *eifelsteig.de/a-eifelsteig-etappe-11*
- Im Sommerhalbjahr informieren jeden Samstag und Sonntag am Maarsattel beim Zugang zum Weinfelder Maar Natur- und Geoparkführer aus der Vulkaneifel über die Maare und die Region und geben Ausflugs- und Wandertipps. Ein Informationsstand ist dann vom späten Vormittag bis in den Nachmittag hinein besetzt.
- Vom Flugplatz Daun-Senheld werden Segelflugzeuge in die Luft geschleppt. Der Start beziehungsweise je nach Windrichtung der Landeanflug erfolgt direkt über dem Weinfelder Maar, sodass man die Flieger in geringer Höhe beobachten kann.
- Einen schönen Blick auf das Schalkenmehrener Maar eröffnet sich vom Maarkreuz, wenige hundert Meter vom Parkplatz Maarsattel entfernt. Das christliche Symbol wurde 1932 von der Schalkenmehrener Bevölkerung als Bittkreuz errichtet, um Gewitter, schlechte Ernten, Hungers- und Seelennöte abzuwenden. In jenem Jahr hatten schwere Gewitter mit Hagelschlag einen Teil der Ernte vernichtet, was viele Familien in Existenznöte stürzte.

14 Auge in Auge mit großen Tieren

WILDPARK DAUN

Eine Safari ist nicht nur in Afrika, sondern auch in der Eifel möglich. Der Wildpark Daun bietet auf einem knapp neun Kilometer langen Rundkurs die Gelegenheit, dem heimischen Wild einmal vom Auto aus in die Augen zu schauen.

Rothirsch

Die Tiere laufen frei herum, sodass die Besucher mit ein wenig Glück ohne Abtrennung nur wenige Meter vor Rehen, Hirschen oder einer Rotte Wildschweinen stehen. Aussteigen ist allerdings nur an sechs ausgeschilderten Tribünen erlaubt, wo man die Tiere dafür nicht nur beobachten kann, sondern sie auch füttern darf. Spezielles Futter, das für die vierbeinigen Parkbewohner geeignet ist, wird an Ort und Stelle verkauft.

Bison

Doch nicht nur die Tiere unserer Wälder und Felder sind im Wildpark Daun vertreten, sondern auch Exoten. In der sechs Hektar großen Affenschlucht leben rund 50 Berberaffen, die sich dort frei bewegen können. Ein Spazierweg von 800 Meter Länge führt durch das Gehege. In einer Greifvogelstation stellt

In der Affenschlucht

der Falkner beeindruckende Vögel vor. Neben Schleiereule und Uhu, Kappengeier und Kolkrabe sind dort auch verschiedene Falken zu sehen: Turmfalke, Sakerfalke, Lannerfalke, Luggerfalke und Wanderfalke. Bei Flugshows zeigen die Könige der Lüfte, was sie können.

Der Park ist nicht nur wegen seiner hohen Dichte an Tieren ein lohnenswertes Ziel, sondern auch wegen seiner abwechslungsreichen Landschaft mit Laub- und Nadelwäldern, Bergen und Tälern, Bächen und Dickichten. Inzwischen ist er weit über die Eifel hinaus bekannt und zieht Tierfreunde sowie Naturliebhaber aus dem In- und Ausland an. Besonders beeindruckend ist die Zeit der Brunft im Herbst oder das Frühjahr, wenn es Tier-

Zweibeiner und Vierbeiner

babys zu bestaunen gibt. Der Bauernhof der Streicheltiere und ein Abenteuerspielplatz mit Wellenrutsche machen einen Besuch im Wildpark zu einem Erlebnis für die ganze Familie.

Erdmännchen-Gehege

Info

Lage: Der Park liegt an der B257 zwischen Daun und Oberstadtfeld.

Adresse: Wildparkstraße 1, 54550 Daun

Website: *wildpark-daun.de*

Einkehren:

- Café-Restaurant „Waldhaus Hirschberg": auf dem Parkgelände; *wildpark-daun.de/#gastronomie*

Aktivitäten:

- Vor dem Park lädt eine 800 Meter lange Sommerrodelbahn zum rasanten Abwärtsgleiten ins Tal ein. Fahrten im Einer- und Zweierbob sind möglich. Unten angekommen, geht es mit einem Transportsystem wieder bequem zum Ausgangspunkt. *wildpark-daun.de/erlebniswelt/#sommerrodelbahn*

15 Den Sternen nahe

OBSERVATORIUM HOHER LIST

Über Schalkenmehren und seinem Maar liegt auf der 550 Meter hohen Vulkangruppe Hoher List das „Sternenstädtchen“ – die frühere Außensternwarte der Universität Bonn. Heute ist es ein Ensemble von weitgehend verlassenen Gebäuden, sieben davon mit Beobachtungskuppeln, andere einst als nüchterne Unterkünfte für die Astronomen und die technischen Mitarbeiter genutzt.

Es ist ein Lost Place der ganz besonderen Art – aber zum Glück immer noch dank einer privaten Initiative zumindest zeitweise belebt und ein überaus spannendes Ausflugsziel für Sternengucker und Weltraumbegeisterte.

Teleskop-Kuppeln auf dem Hohen List

1953/54 ließ das Argelander-Institut für Astronomie der Universität Bonn mitten in der Vulkaneifel, wo es klare Luft und wenig Lichtverschmutzung gibt, eine Sternwarte errichten. Den Anfang machte ein bescheidenes Teleskop, dann wurden weitere Beobachtungsgeräte auf den Hohen List verlegt oder neu angeschafft. Hier in der Eifel wurden bedeutende astronomische Erkenntnisse gewonnen, etwa in der Analyse von Elementen im Spektrum von Sternatmosphären. Einer der Forschungsschwerpunkte war die Untersuchung großer massereicher Sterne auf ihrem Lebensweg bis hin zu den dramatischen Supernovae-Explosionen. Bei der Wiederkehr des Halleyschen Kometen 1985 entdeckten Wissenschaftler am Hohen List ionisiertes Wasser im Schweif des Kometen. Eine feinmechanische Werkstatt und ein Elektroniklabor unterstützten die Astronomen bei ihrer Arbeit. Koryphäen aus aller Welt kamen zu Forschungsaufenthalten in die Eifel und arbeiteten am Hohen List: unter anderem aus Estland, Kanada, Argentinien, Polen, den USA und Südkorea.

Das Observatorium wurde bis 2012 wissenschaftlich genutzt, dann gab die Uni Bonn es auf. 2015 verhinderte der Denkmalschutz den Abriss der Anlage. Die Entscheidung der Universität damals war schmerzlich, ist aus heutiger Sicht aber nachvollziehbar. Denn durch die weltweite Vernetzung bekommen die Astronomen ihre Fotos, Daten und Messreihen von den größten und bedeutendsten Sternwarten rund um den Globus und sind nicht mehr auf eine eigene Außenstelle für ihre Forschungen angewiesen. Die war aufgrund der Wetter- und Wolkenverhältnisse in Mitteleuropa ohnehin nur an nicht einmal einem Drittel der Nächte eines Jahres nutzbar, dafür im Unterhalt aber sehr teuer.

Ausstellungsraum

Eines der vielen Teleskope wurde mitsamt dem dazugehörigen Gebäude von einem privaten Verein übernommen. Diese Astronomische Vereinigung Vulkaneifel am Hohen List e. V. machte aus dem Observatorium eine Volkssternwarte und bedeutende Bildungsstätte, wo sich Interessierte vom prachtvollen Sternenhimmel über der Eifel faszinieren lassen und unter fachkundiger Anleitung die Sonne, den Mond, die Planeten, Sternhaufen, Gasnebel und ferne Galaxien beobachten können – ein bleibendes Erlebnis! Rund 1000 Gäste pro Jahr lassen sich das nicht entgehen.

Jeden Dienstag laden die Astronomen am Hohen List zu einem Vortrag über ein aktuelles Thema aus ihrem Forschungsgebiet ein, das auch für Laien verständlich und spannend aufbereitet wird. Einmal im Monat gibt es darüber hinaus besondere Veranstaltungen, zu der renommierte Wissenschaftler anreisen, um

Modell zur Himmelsmechanik

ihre Forschungen einem breiten Publikum vorzustellen. Ein Ausstellungsraum mit historischen Mess- und Auswertungsinstrumenten, die von rührigen Sternführern präsentiert werden, ergänzt das Angebot. Höhepunkt eines Besuchs in der Sternwarte ist jedoch ohne Zweifel der Blick durch das Ein-Meter-Teleskop. Es ist das größte für die Öffentlichkeit zur Verfügung stehende Teleskop im deutschen Sprachraum. Mit ihm lassen sich Galaxien beobachten, die Milliarden Lichtjahre von der Erde entfernt sind. Auf dem Hohen List kann man somit eine Ahnung von der Unendlichkeit des Alls bekommen – und vielleicht auch von der Zerbrechlichkeit der Erde.

Info

Lage: Das Observatorium Hoher List befindet sich südwestlich von Schalkenmehren, etwa fünf Kilometer südöstlich von Daun.

Adresse: Observatorium Hoher List, 54552 Schalkenmehren

Website: *hoher-list.de*

Aktivitäten:

- Vereinsabend mit Vorträgen, Erfahrungsaustausch und der Möglichkeit, Fragen zur Astronomie und Astrophysik zu stellen. Gäste sind willkommen.
- Bei öffentlichen Beobachtungen erläutern Sternenführer die jeweiligen Himmelserscheinungen. Dauer maximal vier Stunden.
- Öffentliche Führungen mit Besichtigung der Ausstellung

16 Der Atem der Vulkane

GELENBERGER MOFETTE

Es ist durchaus ein gefährlicher Atem, der einem an Mofetten entgegenschlägt: Das Wort Mofette kommt vom lateinischen mephitis und bedeutet soviel wie „schädliche Ausdünstung". Es handelt sich um aus der Tiefe aufsteigendes kaltes Kohlendioxid, ein nicht riechendes, allerdings in zu hoher Konzentration tödlich wirkendes Gas.

Mofetten sind Ausgasungen der Erde und Begleiterscheinungen von Vulkanismus. Dass die Eifel vulkanisch immer noch aktiv ist, zeigt sich an den hier zu findenden Mofetten.

Die Mofette bei Gelenberg im Kreis Vulkaneifel ist ein eingezäuntes Regenwasserloch im Wald, in dem das aufsteigende CO_2 Blasen bildet. Früher glaubte man, dass der Austritt von Kohlendioxid Zeichen eines erloschenen Vulkanismus ist – dass die Vulkane in Mofetten sozusagen ihren letzten Atem aushauchen. Inzwischen ist die Wissenschaft weiter: Mofetten sind genau das Gegenteil, sie deuten auf aktiven Vulkanismus hin. In der Eifel legt er gerade nur seit 11.000 Jahren eine Ruhepause ein.

Im Wasserablauf des Gelenberger Mofettenlochs liegen oft tote Vögel. Sie sind bei der Tränke an dem Kohlendioxid erstickt. das am Boden die höchste Konzentration hat. Damit dies nicht größeren Tieren wie

Das Wasser blubbert

Füchsen oder Dachsen oder gar Kindern passiert, ist die Mulde eingezäunt.

Zusammen mit den reichen Mineralwasservorkommen in der unmittelbaren Umgebung bildet das natürliche Kohlendioxid der Vulkaneifel übrigens die Grundlage der heimischen Sprudelwasserindustrie .

Info

Lage: Die Gelenberger Mofette liegt südöstlich von Gelenberg. Von Daun sind es etwa 15 Kilometer nördlich.

Website: *eifel.info/a-kohlendioxidquelle-im-gelenberger-wald*

HINWEIS: Von Gelenberg die L72 nehmen, kurz hinter dem Ort links abbiegen, über den Feldweg zum Waldrand, dann nochmal links. Die anschließende Ausschilderung ist ein wenig versteckt.

17 Zu Gast bei Binsenjungfer und Braunkehlchen

GILLENFELDER MAARE

Gillenfeld ist ein idealer Ausgangspunkt, um in der unmittelbaren Umgebung Maare unterschiedlichen Charakters zu erkunden. Der Erholungsort mit seinen 1430 Einwohnern bietet alle Voraussetzungen als Basislager für Wanderungen zu den Maaren: Hotels, Einkaufsmöglichkeiten, Restauration, Apotheke, Postagentur, Volksbank und Sparkasse.

Pulvermaar

Das nächstgelegene Maar befindet sich direkt östlich des Ortes: das Pulvermaar gilt wegen seiner kreisrunden Oberfläche und dem bewaldeten Kraterrand als Bilderbuchmaar. Entstanden ist es vor 23.000 Jahren durch Ausbruch eines Vulkans, der einen mit Wasser gefüllten Trichter hinterließ. Der Maarsee ist 74 Meter tief – und damit das tiefste Maar überhaupt. Die Schönheit des Pulvermaars erschließt sich am besten auf einem Spaziergang rund um den See oder vom Ruderboot aus, das man hier mieten kann. Ein Naturfreibad lädt im Sommer zum Sprung ins kühle Nass ein. Das Pulvermaar ist in jedem Fall ein Ort, um einen entspannten Tag zu verbringen. Manche Besucher machen gleich mehrere Tage oder gar Wochen draus; an seinem Rand befindet sich ein Feriendorf.

Strohner Märchen

Auf der anderen Seite der auf dem südlichen Kraterrand vorbeiführenden Landesstraße liegt neben dem ebenfalls dicht bewaldeten Römerberg, einem 65 Meter hohen Tuff- und Schlackenkegel, das Strohner Märchen (manchmal auch Määrchen geschrieben). Es ist ein verlandetes Maar, dessen Umrisse in der Landschaft aber noch deutlich zu erkennen sind. Als der Römerberg-Vulkan einst ausbrach, rutschte seine Südflanke in das zuvor entstandene Strohner Maar ab und verfüllte es, sodass nur noch ein Märchen übrig blieb – daher der Name. Dessen Kraterwall ist bereits vollständig abgetragen, der ovale frühere Kratersee hat sich in ein üppiges Hochmoor verwandelt, dessen dunkelgrünbraun bemooster Pflanzenteppich sich vom Gelb und Hellgrün des umliegenden Felds deutlich abhebt.

Holzmaar

Das Holzmaar westlich von Gillenfeld ist ein weiteres Naturparadies. Hier darf nicht gebadet werden, dazu befinden sich in seiner Verlandungszone zu viele botanische Raritäten. Wissenschaftler haben das Holzmaar bereits in den 1970er-Jahren für sich entdeckt, weshalb es als das am besten erforschte Eifelmaar gilt. So geben Bohrkerne aus den Sedimenten des Holzmaars Aufschluss über das Klima in der letzten Eiszeit. Seinen Namen erhielt es, weil es als Wasserquelle für die nahe gelegene Holzmühle diente: Der Maarkessel nahm das künstlich gestaute Wasser des Sammetbachs auf, der über 400 Jahre die Mühle antrieb.

Dürres Maar

Unweit des Holzmaars befindet sich in nordwestlicher Richtung das Dürre Maar, dessen Maarsee inzwischen fast vollständig verlandet ist. Wie ein Uhrglas wölbt sich stattdessen ein Hochmoor auf der ehemaligen Seefläche auf, das eine Mächtigkeit von inzwischen zwölf Metern besitzt. Eine Reihe seltener Tierarten hat sich an die besonderen Bedingungen dieses Lebensraumes angepasst: Brutvögel wie das Braunkelchen und seltene Libellen wie die Glänzende Binsenjungfer leben hier.

Noch ein weiteres Stück nordwestlich gelangt man zum kleinsten Maar der Eifel, dem Hetsche Maar. Nur 60 Meter zählt sein Durchmesser, sein früherer Maarsee ist heute ein Feuchtbiotop, in dem Seggen und Binsen wachsen und sich Kröten und Frösche wohlfühlen – „Hetsch" heißt im lokalen Platt Kröte. Der Määrchen-Naturwaldpfad erschließt über vier Kilometer sowohl das Hetsche als auch das Dürre Maar und das Holzmaar.

Hetsche Maar

Info

Lage: Gillenfeld liegt im Landkreis Vulkaneifel 14 Kilometer südöstlich von Daun.

Website: *eifelsteig.de/a-pulvermaar-1*

Einkehren:

- Eifeler Scheunencafé: ehemals landwirtschaftlich genutzte Restauration in rustikalem Ambiente mit weithin beliebten Flammkuchen und regionalen Produkten aus meist eigener Herstellung; Holzmaarstraße 23, 54558 Gillenfeld, *eifeler-scheunencafe.de*

18 Jüngster Vulkan

ULMENER MAAR

Es ist erst rund 11.000 Jahre her, dass das Ulmener Maar ausgebrochen ist. Es ist damit der jüngste Vulkan in der Eifel. Ein Maar ist ein Vulkan, selbst wenn es nicht so aussieht.

Unter einem Vulkan stellen wir uns zumeist einen kegelförmigen Berg vor, der aus glutflüssiger Lava aufgebaut wurde. Geologen bezeichnen diesen Vulkantyp als Schlackenkegel, und von denen gibt es rund 350 in der Eifel. Bei Maaren war einst Grundwasser im Spiel. Als das aufsteigende Magma auf eine wasserführende Schicht im Boden traf, verdampfte dieses Wasser schlagartig und riss ein Loch in die Landschaft. Das ist ein Maar. Maare sind immer in das Relief eingesenkt, Schlackenkegel sitzen hingegen auf der Landschaft auf wie Pickel auf der Haut. Nicht jedes Maar füllt sich mit Wasser. In der Eifel sind 75 Maare bekannt, aber nur zwölf von ihnen sind mit Wasser gefüllt. Und das liebliche Ulmener Maar ist das Nesthäkchen dieser feurigen Familie.

2022 wurde es in die Liste der 100 wichtigsten Geo-Erbestätten der Welt aufgenommen, weil es der jüngste Vulkan Mitteleuropas ist. Die Auszeichnung erfolgte durch die International Union of Geological Sciences (IUGS), eine der größten wissenschaftlichen Organisationen der Welt. Ein geologisches Erbe ist laut IUGS ein wichtiger Ort mit geologischen Elementen von internationaler

Jüngster Vulkan der Eifel

wissenschaftlicher Bedeutung. Das Ulmener Maar steht damit auf einer Stufe mit dem Grand Canyon in den USA, der ebenfalls in diese Liste aufgenommen wurde. In Deutschland gibt es nur zwei weitere Orte auf der Liste der IUGS: die Fundstätte des Ur-Vogels Archaeopteryx bei Solnhofen-Eichstätt und die Grube Messel bei Darmstadt mit ihrer Vielzahl an wertvollen Fossilien.

Blick auf Ulmen

Besonders schön ist ein Spaziergang um den 37 Meter tiefen Maarsee an seinem ringförmigen Kraterwall, der durch die Ablagerung von vulkanischem Lockergestein, Tephra genannt, entstanden ist, an einem sonnigen Vormittag. Dann hat man vom dicht bewaldeten Osthang aus die Sonne im Rücken, die den gegenüberliegenden Ort in schönste Farben taucht. Die herausgeputzten Fachwerkhäuser reichen bis ans Ufer, der Turm der Pfarrkirche Sankt Matthias aus dem Jahr 1905 wacht über die dörfliche Idylle. Noch höher liegen links davon die Mauern der Burgruine der Ritter von Ulmen, die ihren Stammsitz im ausgehenden 11. Jahrhundert geschickt auf den Kraterrand des Maars gesetzt haben. Sogar ein echter Kreuzritter, Heinrich von Ulmen, war dort zu Hause. Im 13. Jahrhundert beherbergte die Burg eine der bedeutendsten Reliquien des Abendlands: Splitter vom Kreuz Jesu. Heinrich hatte sie vom vierten Kreuzzug aus Konstantinopel mitgebracht.

Ursprünglich gab es neben dieser Oberburg auch eine Niederburg, und die war wiederum mit der Stadtmauer von Ulmen verbunden. Beides ist verschwunden – Niederburg und Stadtmauer. Die Burg wurde mehrfach zerstört und immer wieder aufgebaut, bis 1801 der letzte Nachkomme des Rittergeschlechts verstarb. Die Burg wurde danach als Steinbruch benutzt, unter anderem für den Wiederaufbau des nach einem Feuer im 19. Jahrhundert verwüsteten Ulmen. Erst Anfang des 20. Jahrhunderts wurde die Ruine unter Denkmalschutz gestellt. Sie lohnt den Aufstieg, nicht nur wegen der reizvollen Sicht auf Maar und Ortsgemeinde, sondern auch wegen des Eindrucks, den man von dieser großzügigen mittelalterlichen Anlage bekommt.

Einen schönen Blick auf die Silhouette des Orts und auf die Burg hat man von der Terrasse des historischen Pumpenhauses gegenüber der Ortsgemeinde Ulmen. Es wurde 1927 eröffnet und war mehr als 60 Jahre in Betrieb. Die Anlage diente dazu, Uferfiltrat aus dem Maar zu gewinnen. 20 Ortschaften wurden einst von hier aus mit Trinkwasser versorgt. Die damals berechnete Wassermenge pro Einwohner hat sich bis heute verdreifacht.

Mit zunehmender Wassertiefe wird es im Ulmener Maar übrigens immer wärmer – neben den an Uferabschnitten aufsteigenden Blasen ist das ein weiteres Zeichen dafür, dass der Eifelvulkanismus immer noch aktiv ist.

Blick von der Burgruine

Maarstollen

Die neueste Attraktion Ulmens wurde im Frühjahr 2023 eröffnet: der touristisch erschlossene, 124 Meter lange Stollen zwischen dem Maar unter der Autobahn A1 hindurch zum benachbarten Jungfernweiher. Ursprünglich war der Stollen eine wasserwirtschaftliche Großanlage im Hochmittelalter, um Mühlen im Bereich Ulmen mit Wasser zu versorgen. Lange ruhte er in einem Dornröschenschlaf. Schon Anfang der 2000er-Jahre gab es erste Überlegungen, den auch geologisch interessanten Stollen für Besucher zugänglich zu machen. Daraus ist ein echtes Highlight geworden. An seiner engsten Stelle ist der Stollen nur 70 Zentimeter breit. Es braucht ein bisschen Mut, um ihn zu passieren. Am anderen Ende liegt ein lohnendes Ziel: der Ulmener Jungfernweiher. Der Stollen ist barrierearm und kostenlos zugänglich.

Jungfernweiher

Info

Lage: Ulmen liegt etwa zwölf Kilometer östlich von Daun.

Websites:

- *eifel.info/a-ulmener-maar*
- *gesundland-vulkaneifel.de/ulmener-maar-stollen-entdecker-tour*

Aktivitäten:

- Ulmen lässt sich auf einem 3,7 Kilometer langen Rundgang digital entdecken. Blaue Schilder mit QR-Codes laden dazu ein, Geschichte neu zu erleben – wobei die Grenzen zwischen Realität und Fiktion bewusst verschwimmen sollen. Die Geschichten vom Ulmener Burgnarr, von Ritter Heinrich oder von Harry Haubentaucher bieten einen innovativen Zugang zu Natur und Geschichte des Ortes.
- Auch der Jungfernweiher auf der anderen Seite der Autobahn, die Ulmen zerschneidet, ist vulkanischen Ursprungs. Allerdings hat er einen ganz anderen Charakter als der liebliche Maarsee direkt in der Ortslage. Der Jungfernweiher ist weit, flach und artenreich – ein Paradies vor allem für Vögel, insbesondere für Zugvögel wie Kranich, Krickente und Raubwürger, die zu den entsprechenden Jahreszeiten besonders gut zu beobachten sind. Sogar Fischadler wurden hier schon gesichtet. Der ursprüngliche See verlandete im Lauf der Zeit. Erst 1942 wurde der Ulmener Bach aufgestaut und das Gelände wieder vernässt. Entstanden ist eine 170.000 Quadratmeter große und durchschnittlich 80 Zentimeter tiefe Wasserfläche. Zahlreiche bedrohte Arten brüten in den binsenreichen Uferzonen, so etwa Bekassine und Wiesenpieper. Der knapp vier Kilometer lange Rundweg ist eben, gut ausgebaut und für Kinderwagen und Rollstühle geeignet.

19 Hotspot im Gesundland

BAD BERTRICH

Der Kinderbuchautor Heinrich Hoffmann, Verfasser des berühmten „Struwwelpeters“, war nach einem Besuch 1849 von Bad Bertrich so entzückt, dass er von einem „Miniaturbad“ sprach, „wo man glaubte, des Morgens gegen die grünen Bergwände zu stoßen“ und fürchten müsse, „irgendeiner packt alles in eine Schachtel und trägt es davon“.

In der Tat könnte die Lage des ältesten Staatsbads Deutschlands idyllischer nicht sein. Der Ueßbach verlässt hier sein enges Kerbtal und weitet sich gerade soweit, dass auf der breiteren Talsohle schon im 3. Jahrhundert eine Siedlung entstehen konnte. Die sinnenfreudigen Römer aus der nicht weit entfernten spätantiken Metropole Trier fanden hier eine heiße Quelle vor, um die herum sie eine Badeanlage bauten und Häuser errichteten. Die Glaubersalzquelle mit ihrem 32 Grad heißen Wasser ist einmalig in Deutschland. Der Naturforscher Alexander von Humboldt untersuchte 1845 das Wasser und nannte es „das milde Karlsbad". In Karlsbad (Karlovy Vary) in Tschechien sprudeln die heißeren und berühmteren Glaubersalzquellen – das Bertricher Wasser aber gilt als bekömmlicher.

Blick auf Bad Bertrich

Seit fast zwei Jahrtausenden wird das aus einer geologischen Verwerfung in 2,3 Kilometer Tiefe stammende und 24.800 Jahre alte fossile Wasser mit seiner besonderen Mineralienzusammensetzung zu Heilzwecken genutzt. Wenn man es trinkt, soll es Magen- und Darmbeschwerden lindern. Wenn man darin badet, zeigt es sich heilsam bei entzündlichen Erkrankungen des Bewegungsapparats wie etwa Rheuma.

In der Vulkaneifeltherme kann man sich wie eh und je in das wertvolle Nass legen und hinterher, wenn man mag, in der kleinen feinen Saunalandschaft schwitzen. An zwei Trinkbrunnen – im kürzlich renovierten prächtigen Kursaalgebäude und am Löwenkopfbrunnen in der Kirchstraße – steht es kostenlos zum Genuss zur Verfügung. Es schmeckt gar nicht salzig! Wie früher gebadet wurde, ist im Keller des Kursaalgebäudes zu sehen, wo nach der Renovierung von 2019 bis 2022 zwei der historischen Badewannen zugänglich gemacht wurden. Sie stammen aus dem Jahr 1852 und haben die Zerstörung des Vorgängerbaus durch einen Felssturz 1865 überstanden. Insgesamt 13 Badewannen gab es auch im Keller des Kurfürstlichen Schlösschens, der guten Stube Bad Bertrichs, gleich neben dem Kursaalgebäude. Der letzte Trierer Erzbischof und Kurfürst Clemens Wenzeslaus hatte es 1785 bis 1787 als Jagdschloss bauen lassen. Genutzt wurde es vor allem für den Kurbetrieb.

Löwenkopfbrunnen

1097 wurde der Ort als Bertriacum erstmals in einer Besitzurkunde des Trierer Erzbischofs Egilbert erwähnt. 1476 ging er in

Römerkessel Bad Bertrich

den Besitz des Erzbistums, also des damaligen Staates, über – daher der stolze Hinweis in Bad Bertrich, man sei das älteste Staatsbad in Deutschland.

2006 gelang es dem damaligen Ortsbürgermeister Günter Eichberg, der auch einmal Präsident des FC Schalke 04 gewesen ist, zur Fußballweltmeisterschaft in Deutschland die schweizerische Nationalmannschaft nach Bad Bertrich zu holen. Die Schweizer bezogen im Hotel Fürstenhof ihr Basislager, trainierten unter den Augen von 2000 begeisterten Fans auf dem Sportplatz am Ortsrand, der seitdem „Ueßbachtalstadion" heißt – und schieden leider nach der Vorrunde aus. Dennoch waren sie so angetan von der Bertricher Gastfreundschaft, dass sie dem Ort den Ehrentitel „27. Kanton der Schweizer Eidgenossenschaft" verliehen. Ein rotes Ortseingangsschild steht noch heute am Parkplatz Ost und weist darauf hin.

Elfengrotte

Einst spuckten neun Vulkane nordwestlich des heutigen Bad Bertrich Feuer und Lava. Der Lavastrom zog sich meterhoch durch das Ueßbachtal bis in den Römerkessel. Im kleinen Seitental des Elbesbachs erstarrte die Basaltlava zu Säulen, die im Laufe der Zeit auf eigenartige Weise verwitterten und heute an übereinandergestapelte holländische Käselaibe erinnern. Die dahinter liegende Elfengrotte, ein künstlicher Stollen, in dem früher Basalt abgebaut und Bier gekühlt wurde, heißt daher auch Käsegrotte. Das Naturdenkmal ist Ziel eines Spazierwegs von der Ortsmitte aus. Hinter der Elfengrotte liegt ein romantischer Wasserfall und darüber schwebt eine der ersten Eisenbrücken in der Eifel; die Vorgängerin der heutigen Brücke wurde Anfang des 19. Jahrhunderts errichtet.

Zu den umliegenden Vulkanen und zum Hardtmaar, einem Trockenmaar, führt der Wanderweg Georoute. Wer es aussichtsreich mag, wählt den Kurschattensteig für eine Wanderung. Er umrundet den Bertricher Talkessel und schwingt sich bis zum Kamm der Berge hinauf. Etliche Aussichtspunkte laden zum Verweilen ein. Vom Hohenzollernturm im Osten hat man den schönsten Blick ins Tal.

Lage: Bad Bertrich liegt im südöstlichen Zipfel des UNESCO-Natur-und Geoparks Vulkaneifel und etwa 15 Kilometer nordwestlich von Zell an der Mosel.

Website: *bad-bertrich.de*

Aktivitäten:

- Der Römerkessel – früher durchflossen vom Ueßbach – war jahrzehntelang ein klassischer Kurpark. 2012 wurde er nach Plänen des Münchener Psychologen Reinhard Schober zum ersten Landschaftstherapeutischen Park Europas umgestaltet. Sieben sogenannte Szenegärten regen zum Nachdenken an. Bemerkenswert ist die absolute Stille zwischen den Bergen am Talrand und dem Römerberg inmitten des Parks.
- Der Erlebnisweg „Ritter-Räuber-Römer" führt über rund sieben Kilometer von Bad Bertrich durch das Ueßbachtal zur Antoniusruh, einem malerischen Plätzchen am Wasser zwischen romantischen Schieferfelsen, und dann weiter auf schmalen Pfaden hinauf zum 60 Meter hohen Entersburgplateau. Hier stand zu Römerzeiten ein Wachtturm, später eine mittelalterliche Burg der Gebrüder Nantirsburg. Diese Burg wurde 1038 vom Trierer Erzbischof Albero derart gründlich geschleift, dass nichts mehr übrig blieb. Der heute das Plateau beherrschende Turm, die Steffenswarte, ist ein historisierendes Bauwerk aus der Neuzeit. Es wurde 1895 zu Ehren des Bertricher Kurdirektors Christoph Wilhelm Carl Steffens errichtet. *gesundland-vulkaneifel.de/heimatspur-ritter-raeuber-roemer*

20 Der höchste der Eifel

KLIDINGER WASSERFALL

Von Kliding ist der Wasserfall über einen leichten Wanderweg durch den Maiwald aus zu erreichen. Die Wanderung von der anderen Seite, von Bad Bertrich, ist anstrengender und ein kleines Abenteuer. Auf der Wasserfall-Erlebnisroute geht es von Bad Bertrich aus zunächst recht sportlich hinauf zum Hohenzollernturm und zum Bismarckturm mit großartigen Ausblicken auf Deutschland ältestes Staatsbad – und dann auch gleich wieder hinunter ins Erdenbachtal. An der Mündung des Klidinger Bachs in den Erdenbach gibt es eine kleine Sitzgruppe, an der man Kraft sammeln kann für den letzten und interessantesten Teil der Expedition zum Klidinger Wasserfall. Denn ab hier führt ein seilversicherter alpiner Steig steil zum Wasserfall. Trittsicherheit und Schwindelfreiheit sind erforderlich. Die Wasserfall-Erlebnisroute wurde von den Lesern des „Wandermagazins" zum schönsten Wanderweg 2023 gewählt.

Mit 28 Meter Höhe ist der Klidinger Wasserfall im Kreis Cochem-Zell der höchste der Eifel. Das Wasser des recht kurzen Klidinger Bachs, der unterhalb der Ortsgemeinde Kliding entspringt, stürzt hier über eine Felsklippe aus Schiefer, Schießlay genannt, in die Tiefe, ehe er kurz darauf in den Erdenbach mündet.

Hat man die anstrengende Passage geschafft, steht man am Fuß der Schießlay und kann das Schauspiel des fallenden Wassers beobachten. In kalten Wintern bietet sich ein ganz besonderes Naturerlebnis, wenn das Wasser gefroren und der Wasserfall zu Eis erstarrt ist. Über rund 30 Höhenmeter geht es dann noch auf dem seilversicherten Steig bis zur Abbruchkante des Felsens hinauf. Wirklich in die Tiefe schauen kann man von dort allerdings wegen einiger Felsvorsprünge nicht.

28 Meter tief fällt das Wasser

Lage: Der Klidinger Wasserfall liegt nördlich von Bad Bertrich an der Gemarkungsgrenze der Ortsgemeinden Kliding und Beuren im Kreis Cochem-Zell. Zu Fuß ist er am schnellsten von Kliding oder von Kennfus aus zu erreichen.

Website: *eifel.info/a-klidinger-wasserfall*

Aktivitäten:

- Die Wasserfall-Erlebnisroute über rund 13 Kilometer erschließt den Wasserfall und zahlreiche andere Sehenswürdigkeiten wie den Schlackenkegel Falkenlay und die unter ihm gelegenen Steinzeithöhlen von Bad Bertrich aus. *gesundland-vulkaneifel.de/heimatspur-wasserfall-erlebnisroute*
- Das kleinste Theater in Rheinland-Pfalz, das Muh-Theater, bietet in rustikalem Rahmen und Atelier-Atmosphäre Kunst und Kultur. Es stehen ganze 30 Quadratmeter inklusive Bühne zur Verfügung, und die Theaterleute Angelika Dormeyer und Arwed Werner machen hier alles selbst. Ein Theatererlebnis ganz ungewöhnlicher Art. Sommether Weg 1, 56825 Kliding, *muh-theater-atelier-kliding.de*

Westliche Vulkaneifel

Nohner Wasserfall

Westliche Vulkaneifel

21. Eifeler Paradelandschaft: Gerolsteiner Dolomiten
22. Spielplatz in der Natur: Mühlsteinhöhlen Hohenfels-Essingen
23. Grundfeste des Glaubens: Abtei Himmerod
24. Krimi-Hauptstadt Hillesheim
25. Vulkan mit Tunnel: Arensberg
26. Ein wachsender Wasserfall: Dreimühlen-Wasserfall
27. Gigantische Steinkugel: Lavabombe Strohn
28. Argwöhnisches Miteinander: Manderscheider Burgen
29. Eins sein mit sich und der Natur: Achtsamkeitspfad Manderscheid
30. Der einzige seiner Art nördlich der Alpen: der Windsborn-Kratersee

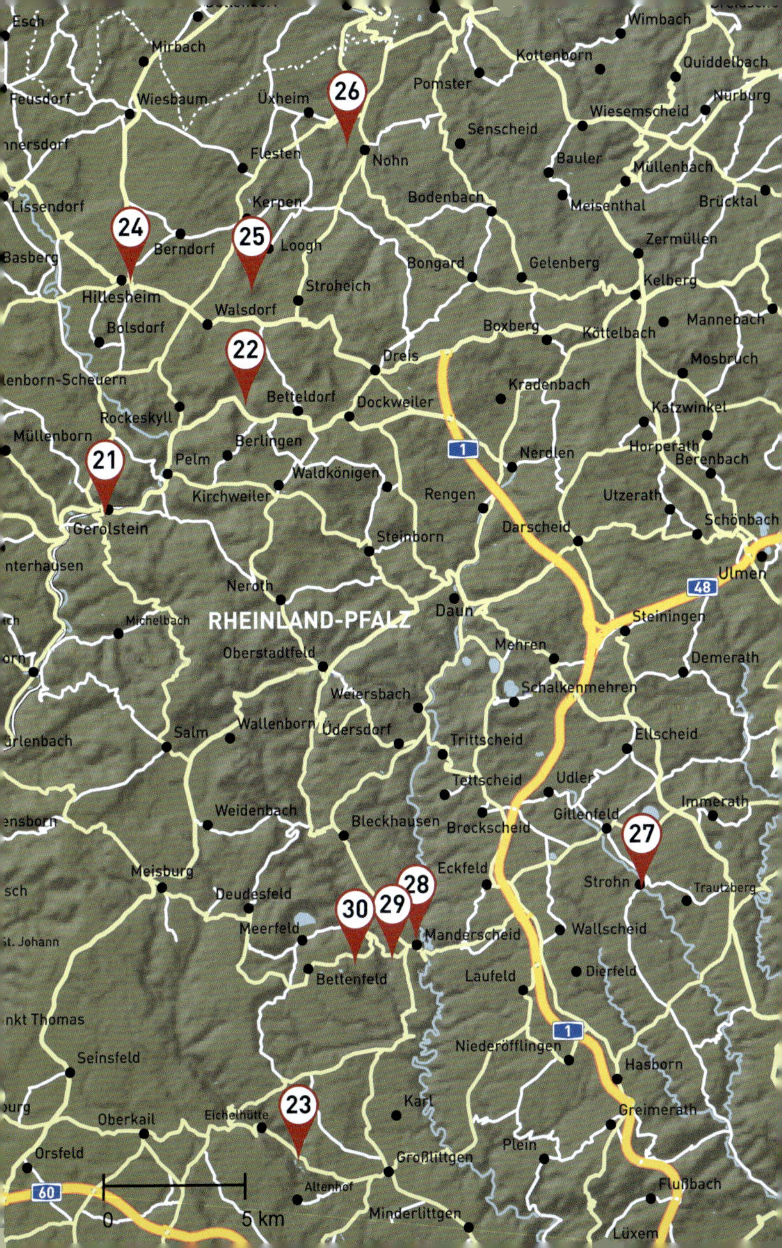

Esch
Mirbach
Feusdorf
Wiesbaum
Üxheim
26
Pomster
Kottenborn
Wimbach
Quiddelbach
Nürburg
Wiesemscheid
Senscheid
Flesten
Nohn
Bauler
Müllenbach
Lissendorf
Kerpen
Bodenbach
Meisenthal
Brücktal
24
25
Loogh
Berndorf
Basberg
Zermüllen
Bongard
Gelenberg
Kelberg
Stroheich
Hillesheim
Walsdorf
Bolsdorf
Boxberg
Köttelbach
Mannebach
22
Dreis
Mosbruch
Kradenbach
Betteldorf
Dockweiler
Rockeskyll
Katzwinkel
Müllenborn
1
Berlingen
Nerdlen
Horperath
21
Pelm
Berenbach
Waldkönigen
Rengen
Kirchweiler
Utzerath
Gerolstein
Darscheid
Schönbach
Steinborn
Ulmen
48
Neroth
Daun
Steiningen
Michelbach
RHEINLAND-PFALZ
Mehren
Oberstadtfeld
Demerath
Schalkenmehren
Weiersbach
Wallenborn
Üdersdorf
Salm
Trittscheid
Ellscheid
Tettscheid
Udler
Immerath
Weidenbach
Gillenfeld
Bleckhausen
Brockscheid
27
Meisburg
Eckfeld
28
Deudesfeld
30
29
Strohn
Trautzberg
Meerfeld
Manderscheid
Wallscheid
St. Johann
Bettenfeld
Laufeld
Dierfeld
Seinsfeld
Niederöfflingen
Hasborn
23
Karl
Oberkail
Eichelhütte
Greimerath
Orsfeld
Plein
Großlittgen
Flußbach
60
Altenhof
0
5 km
Minderlittgen
Lüxem

21 Eifeler Paradelandschaft

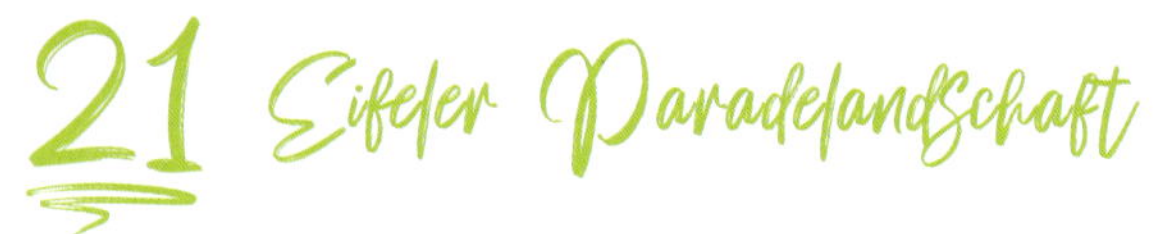

GEROLSTEINER DOLOMITEN

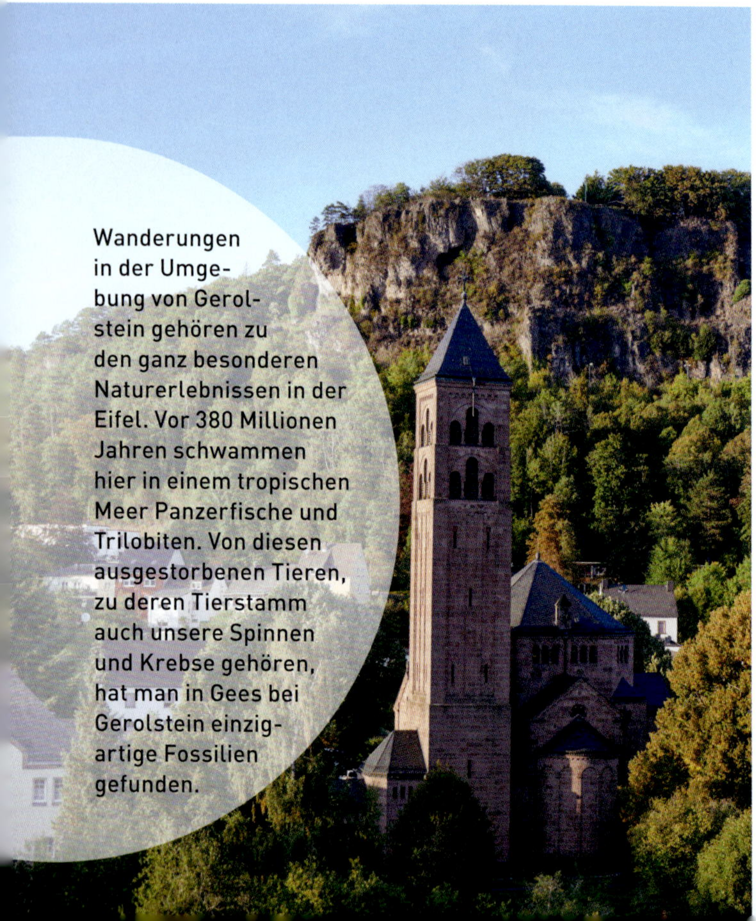

Wanderungen in der Umgebung von Gerolstein gehören zu den ganz besonderen Naturerlebnissen in der Eifel. Vor 380 Millionen Jahren schwammen hier in einem tropischen Meer Panzerfische und Trilobiten. Von diesen ausgestorbenen Tieren, zu deren Tierstamm auch unsere Spinnen und Krebse gehören, hat man in Gees bei Gerolstein einzigartige Fossilien gefunden.

Blick auf Gerolstein mit dem Turm der Erlöserkirche

Es handelt sich um die bekannteste Fossilienfundstätte der Eifel, einige Paläontologen sprechen sogar von einer weltweit einzigartigen Fundstätte. Trilobitenarten wie der 1825 erstmals beschriebene Geesops schlotheimi oder der Geesops sparsinodosus gallicus tragen den Namen Gees in sich. Der Naturforscher Alexander von Humboldt war von den vielen Fossilien so begeistert, dass er einigen Bäuerinnen auf den umliegenden Feldern ihre Wollsocken abkaufte, um darin die gesammelten Fossilien mitnehmen zu können.

Die Gerolsteiner Dolomiten waren einst ein Kalkriff in jenem tropischen Meer des Erdaltertums, aus dessen Grund sich heute in weiten Teilen die Eifel aufbaut. Im tief eingeschnittenen Tal der Kyll erheben sich die Gerolsteiner Dolomiten bis zu hundert Meter über der Talsohle. Gebildet wurde dieses Riff aus den Kalküberresten von Korallen und Stromatoporen, die das Meer im Zeitalter des Devon einst bevölkerten. Deutlich erkennbar sind an den Gerolsteiner Dolomiten die Riffoberkante, der Steilabfall und die darunter liegende Blockhalde. So sehen im Grunde genommen auch heute

Kalkriff

noch Korallenriffe in tropischen Meeren aus. Die Reichhaltigkeit der hiesigen Kalkvorkommen führte dazu, dass eine ganze Periode der Erdgeschichte nach der Eifel benannt wurde: das Eifelium. Mit einer Fläche von 102 Hektar ist das Gebiet um die Gerolsteiner Dolomiten seit 1980 als Naturschutzgebiet ausgewiesen. Nicht auszudenken, wenn sie – wie es geplant war – abgetragen und zu Schotter verarbeitet worden wären.

Die bekannteste Felsformation der Gerolsteiner Dolomiten ist die Munterley, eine extrem schroffe Struktur. Vor etwa 30.000 Jahren siedelten während der Altsteinzeit in der Buchenlochhöhle Menschen. In der 36 Meter langen Karsthöhle an der Nordwestseite der Munterley hat man Werkzeuge und Knochen aus jener Epoche gefunden. Später ließen sich im Bereich der Munterley Kelten und Römer nieder. Davon zeugt das Heiligtum des Juddekirchhofs, einer römischen Wallfahrtsstätte, deren Grundmauern erhalten geblieben sind. Im Zweiten Weltkrieg suchten Einwohner von Gerolstein in der Buchenlochhöhle Schutz vor alliierten Bombern. Heute finden Fledermäuse dort ein passendes Quartier. Die Höhle ist ganzjährig über eine Leiter frei zugänglich.

Buchenlochhöhle

Von der Munterley bietet sich eine grandiose Sicht auf Gerolstein, das Kylltal und bis weit hinein in die Vulkaneifel. Über Wanderwege sind die Gerolsteiner Dolomiten bestens erschlossen.

Info

Lage: Gerolstein liegt etwa 16 Kilometer westlich von Daun.

Aktivitäten:

- Eifelsteig: neunte Etappe von Hillesheim nach Gerolstein, zehnte Etappe von Gerolstein nach Daun; *eifelsteig.de/a-eifelsteig-etappe-9* und *eifelsteig.de/a-eifelsteig-etappe-10*
- Naturkundemuseums Gerolstein: Das Motto des Museums lautet „Zeitreise am Eifelsteig": 400 Millionen Jahre Erdgeschichte werden hier erlebbar. So sind beispielsweise im Trilobitarium des Museums die weltbekannten Trilobiten aus Gees zu sehen. Das Museum ist im barocken Alten Rathaus von Gerolstein untergebracht; Hauptstraße 72, Gerolstein, *nkm-gerolstein.de*
- Das mittelalterliche Zentrum von Gerolstein wurde im 17. und 18. Jahrhundert zerstört. Die Erlöserkirche aus den Jahren 1911 bis 1913 im Ortsteil Sarresdorf ist heute das wichtigste Gebäude von kunsthistorischem Rang – ein monumentaler Höhepunkt des Historismus im Stil eines byzantinischen Zentralbaus. Mit dieser Kirche setzte der Berliner Evangelische Kirchenbauverein auf direkte Anordnung von Kaiser Wilhelm II. ein protestantisches Ausrufezeichen mitten in der katholischen Eifel. Der Kaiser ließ es sich nicht nehmen, den kostspieligen Prachtbau mit seinen Millionen von Mosaiksteinen im Innenraum im Oktober 1913 persönlich einzuweihen. Die Kirche zählt zu den bedeutenden Sehenswürdigkeiten der Vulkaneifel und ist ausschließlich im Rahmen einer Führung zu besichtigen.
- Fünf Kilometer entfernt von Gerolstein liegt auf einem Basaltstock die Kasselburg, die Ruine einer Höhenburg. Dort lädt der Adler- und Wolfspark Kasselburg zu einem Besuch ein. Highlights sind die Fütterung der Wölfe – es ist das größte Rudel in Westeuropa – und Flugshows von Greifvögeln; Auf der Kasselburg 3, 54570 Pelm, *adler-wolfspark.de*

22 Spielplatz in der Natur

MÜHLSTEINHÖHLEN HOHENFELS-ESSINGEN

Für große und kleine Höhlenforscher ist Hohenfels-Essingen Abenteuer, Spannung und Spaß zugleich. Die Höhlen oberhalb des Ortes laden zum Erkunden, Verstecken, Toben und Spielen ein. Soviel Spielplatz bietet die Natur!

Geheimnisvolle Ecken

Kinder lieben Höhlen, und hier können sie ihrem Forscherdrang voll nachgeben. Der auf 583 Meter Höhe liegende Felsen bei Hohenfels-Essingen besteht aus einer bis zu 50 Meter mächtigen Basaltplatte vulkanischen Ursprungs. Besonders im oberen Teil ist dieser sogenannte Zähbasalt bestens geeignet zur Herstellung von Mühlsteinen. Diese Mühlsteinindustrie gab den Höhlen ihren Namen. Denn die Hohlräume sind keineswegs natürlichen Ursprungs, sondern Ergebnis jahrhundertelangen Abbaus. Der Fels ist durchlöchert wie ein Schweizer Käse.

Zugang zu einer der Höhlen

Dabei war Hohenfels-Essingen nur einer von 56 Abbauorten von Mühlsteinen, die in der Eifel aus dem Fels geschlagen und in alle Welt exportiert wurden. Eifelbasalt ist in vielen Ländern angekommen: als Mühlstein in Indien, als Pflasterstein in ganz Europa und sogar als Denkmal am Ort der

Weltkriegs-Schlacht von El Alamein in Ägypten. Wie solch ein Mühlstein aussah, ist am Parkplatz am Fuß des Felsens gleich neben dem Spielplatz zu sehen: Dort dient er als Tischplatte für ein Picknick. Der schwere Rundstein vermittelt einen Eindruck von der harten Arbeit, die erforderlich war, um solche Steinräder aus dem Fels zu hauen. Oft wurde die Rohform in den Höhlen über Kopf aus dem Berg geschlagen und dann fein bearbeitet. Noch heute sieht man in dem Höhlenlabyrinth in Hohenfels-Essingen einige fast fertige Mühlsteine an den Wänden „kleben"; sie wurden offenbar nicht zu Ende herausgebrochen.

Übriggebliebener Mühlstein

Die ersten Mühlsteine aus der Eifel stammen aus der Römerzeit, so richtig Fahrt nahm dieser Industriezweig dann aber im Mittelalter auf, als Mühlen die wichtigsten technischen Betriebe waren. Die Eifel mit ihren in Kerbtälern verlässlich rauschenden Bächen beherbergte hunderte von Mühlen. In Hohenfels-Essingen ist die Mühlsteinproduktion seit dem 13. Jahrhundert belegt.

Spielplatz am Fuß der Höhlen

Ein Rundweg erschließt den Mühlenberg. Die größeren Höhlen tragen klingende Namen wie „Schwedenfeste", „Martinshöhle" oder „Borussia-Höhle". Verirren kann man sich darin kaum, weshalb der Mühlenberg gut für Kinder geeignet ist. Nur eine Taschenlampe sollte man dabeihaben. Die erhöht den Spaßfaktor auf diesem Naturspielplatz beträchtlich. Von Dezember bis April sollte Rücksicht auf Fledermäuse genommen werden, die die Höhlen ebenso gern aufsuchen wie wir Menschen.

Lage: Hohenfels-Essingen liegt rund acht Kilometer nordöstlich von Gerolstein.

Website: *eifel.info/a-eis-und-muehlsteinhoehlen-bei-hohenfels-essingen*

Aktivitäten:

- Der Rundweg um die Höhlen führt an der beschaulichen und gepflegten Mariengrotte vorbei, deren Bänke zum Verweilen und zu einem Moment der Stille einladen. Die Mischung aus Felsen, Efeu, Blumen, Kerzen unter hohen Buchen hat ihren eigenen Reiz. Der Ort fühlt sich kraftvoll und magisch an. Manchmal gibt es hier Andachten unter freiem Himmel. Nebenan steht am Rande des Mühlenbergs eine aussichtsreiche Schutzhütte.
- In Richtung Betteldorf ist nach kurzer Wanderung ein aufgelassener Steinbruch zu finden, den sich die Natur allmählich zurückholt. Hier sind die typischen basaltischen Säulenformen gut zu erkennen.
- Direkt an den Mühlsteinhöhlen führt die sieben Kilometer lange Rundwanderung des Zähbasaltwegs vorbei, auf dem es immer wieder schöne Ausblicke über die Eifellandschaft und etliche Bänke zum Ausruhen gibt. *gerolsteiner-land.de/a-zaehbasaltweg*

HINWEIS: Die Höhlen sind ganzjährig begehbar. Vorsichtig sollte man sein, denn die Hohlräume sind zum Teil recht niedrig.

23 Grundfeste des Glaubens

ABTEI HIMMEROD

Das Salmtal ist eine der romantischsten Gegenden der Eifel. Vor fast 900 Jahren war sie allerdings auch eine der wildesten und mit Sicherheit der einsamsten. Diese abgelegene Gegend befanden zwölf Zisterziensermönche für gut und richtig für eine Klostergründung, zu deren Zweck sie zuvor in Citeaux in Frankreich abgereist waren. Sie suchten genau solch einen Ort.

Ihren Auftrag hatten sie direkt vom Ordensgründer Bernhard von Clairvaux bekommen, der damit dem Wunsch des Trierer Erzbischgofs Albero von Montreuil nachkam, in der Eifel einen Konvent zu gründen. Die Zisterzienser waren eine aus dem Benediktinerorden stammende Reformbewegung. Sie siedelten sich gerne in gottverlassenen Seitentälern an und waren im Mittelalter dafür bekannt, die Landschaft um ihre Klöster zu kultivieren und dafür die neuesten technischen Möglichkeiten zu nutzen, insbesondere die Wasserkraft. So domestizierten sie die ungebändigte Salm und entwickelten Landwirtschaft und Handwerk. Himmerod wurde die erste Klostergründung der Zisterzienser auf deutschem Boden.

Idylle am Kloster Himmeriod

Jahrhundertelang beherrschte eine romanische Klosterkirche das Salmtal, bis den Mönchen im 17. Jahrhundert der Sinn nach etwas Neuem kam. Es war die Zeit des Barocks, dessen Prunk und Pracht eigentlich im krassen Gegensatz zur Bescheidenheit und Demut der Zisterzienser stand. Nicht einmal einen richtigen Turm durfte eine zisterziensische Klosterkirche haben, lediglich ein Dachreiter war erlaubt. Dem aus Sachsen stammenden Baumeister Christian Kretschmar gelang mit dem Neubau die Quadratur des Kreises. Er setzte den Zisterziensern einen barocken Neubau hin, der die Grundsätze des Ordens wahrte und dennoch

Klosterkirche

repräsentativ war. Was den Kirchturm anging, fand er eine geradezu geniale Lösung: Wenn die Kirche schon keinen richtigen Turm haben durfte, dann gestaltete er eine derart schlanke und hoch aufragende Giebelfassade, dass diese wie ein Turm wirkte. Kunsthistoriker sprechen von einer der eigenwilligsten Schöpfungen des deutschen Barocks.

Das Kloster durchlebte eine wechselvolle Zeit, wurde zum geistlichen Mittelpunkt der Region und in der Franzosenzeit 1802 aufgehoben, die Gebäude wurden abgetragen und als Steinbruch benutzt. Erst nach dem Ersten Weltkrieg kehrten die Mönche zurück und machten aus dem Trümmerfeld das Beste. Die Klosterkirche in ihrem heutigen Erscheinungsbild stellt eine Rekonstruktion aus den Jahren 1952 bis 1960 dar, wobei man sich an die alten barocken Pläne und Abmessungen hielt. Der Eindruck im Innern der Hallenkirche ist gewaltig. Wer einen Blick auf die Gesamtanlage werfen möchte, steigt auf der anderen Seite der Salm auf eine Anhöhe; von dort hat man einen schönen Ausblick auf das Kloster.

Die Zahl der dort lebenden Mönche wurde mit der Zeit immer kleiner. 2017 entschied sich die Mehrerauer Kongregation, zu der Himmerod gehört, das Kloster aufzugeben. Pläne, die Anlage zum Jugendzentrum des Bistums Trier umzugestalten, wurden 2022 aus Kostengründen ad acta gelegt. Der Charme der Abgeschiedenheit und die imposante Anlage locken aber immer noch Besucher an. Die Klosterherberge, Gaststätte, Fischerei, Gärtnerei und der Klosterladen laden zum Verweilen ein. Nicht zuletzt ist das Kloster auch Ausgangspunkt für zahllose Wanderwege in der näheren und weiteren Umgebung.

Info

Lage: Zwischen Großlittgen und Eisenschmitt; etwa 15 Kilometer nordwestlich von Wittlich.

Adresse: Abteistraße 3, 54534 Großlittgen

Website: *abteihimmerod.de*

Aktivitäten:

- Eifelsteig: zwölfte Etappe von Manderscheid bis Kloster Himmerod, 13. Etappe von Kloster Himmerod bis Bruch; *eifelsteig.de/a-eifelsteig-etappe-12* und *eifelsteig.de/a-eifelsteig-etappe-13*
- In der Nachbarschaft des Klosters lohnt ein Besuch in Eisenschmitt. Die malerisch gelegene Ortsgemeinde ist Schauplatz des bekanntesten Romans der Schriftstellerin Clara Viebig, „Das Weiberdorf" (erschienen 1900). Viele Freunde in dem Dorf hatte sich die Autorin mit dem Buch nicht gemacht, weil es darin nicht besonders gut wegkommt. Aber inzwischen haben sich die Eisenschmitter mit Clara Viebig versöhnt und ihr sogar ein Museum gewidmet, das Clara-Viebig-Zentrum. Es befindet sich in dem ehemaligen Wohn- und Geschäftshaus der jüdischen Familie Samuel, ein ortsbildprägendes Gebäude. Gegenüber der Clara-Viebig-Brunnen, den die Einwohner bei der Aufstellung 1989 noch den eigentlichen Namen verweigerten und ihn zunächst lieber Eisenschmitter Brunnen nannten. Manderscheider Straße 2, 54533 Eisenschmitt, *museumsportal-rlp.de/museen/clara-viebig-zentrum*

HINWEIS: Das Kloster ist auch militärgeschichtlich von Interesse. 1950 trafen sich auf Geheiß von Bundeskanzler Konrad Adenauer in der Abgeschiedenheit des Salmtals ehemalige Wehrmachtsoffiziere und entwarfen die Grundprinzipien der Menschenführung innerhalb der künftigen westdeutschen Streitkräfte. Dieses „Innere Führung" genannte Prinzip wurde in der „Himmeroder Denkschrift" niedergelegt.

24 Krimi-Hauptstadt

HILLESHEIM

Hillesheim gilt als die Krimi-Hauptstadt Deutschlands. Krimi-Fans kommen hier auf ihre Kosten. Das Kriminalhaus hat sich zu einem Hauptanziehungspunkt entwickelt. Doch hat Hillesheim noch viel mehr zu bieten – vor allem Zeugnisse einer reichen Geschichte.

Lange Zeit herrschten hier die Trierer Erzbischöfe. Ob das Adelsgeschlecht der Luxemburger, die Grafen von Jülich oder der Erzbischof von Köln – mit irgendwem lagen die Trierer immer über Kreuz. Erzbischof Balduin machte aus Hillesheim daher ein Bollwerk gegen seine Gegner und richtete hinter den Mauern ein Amt ein, eine erzbischöfliche Behörde, um seinen Anspruch auf das Gebiet zu dokumentieren.

Die Reste der Mauern sind heute nach mustergültiger Sanierung nicht nur zu besichtigen, sondern auch zu besteigen. Ein Spaziergang auf dem Wehrgang vermittelt einen Eindruck von mittelalterlicher Befestigungsarchitektur und bietet schöne Ausblicke auf den Ort, der natürlich längst über die alten Mauern hinausgewachsen ist.

Die imposante Stadtmauer

Sehr viel jünger als die Stadtmauer ist Hillesheims Ruf als Krimi-Hauptstadt Deutschlands. Es ist nicht etwa so, dass hier ungewöhnlich viele Verbrechen verübt würden. Aber ganz in der Nähe, erst im benachbarten Berndorf, dann in Dreis-Brück, lebte und wirkte der 2022 verstorbene Krimi-Autor Michael Preute alias Jacques Berndorf. Er ist einer der Erfinder der deutschen Regionalkrimis. Mehr als 20 seiner Krimis spielen in der Eifel. Und weil Hillesheim zentraler Schauplatz so mancher Eifelkrimis ist, wurde aus der

Stadt der Mauern die Stadt des Krimis. Die „Schauplätze des Verbrechens" mit ihren literarischen Leichen gibt es hier praktisch an jeder Ecke, erkennbar jedenfalls für den, der mit dem Genre vertraut ist.

Für sie und all diejenigen, die es vielleicht noch werden wollen, ist das Kriminalhaus am Markt 5 ein zentraler Anlaufpunkt. Hier befindet sich das Café Sherlock, eine gelungene und gemütliche Mischung aus Café und Krimimuseum. Besonders sehenswert im dritten Stock: das Deutsche Krimi-Archiv. Die Besitzer Monika und Ralf Kramp haben hier nicht weniger als 30.000 Krimis aus aller Welt in deutscher Fassung in einer beeindruckenden Auswahl zusammengetragen. Den größten Teil der Bibliothek bildet die Sammlung des Bonner Krimifachmanns Thomas Przybilka. Zum Schmökern stehen Sofas und Sessel zur Verfügung, hinter die man vorsichtshalber guckt, ob dort nicht ein Mörder lauert. Die Mischung aus Spannung und Gemütlichkeit macht es dem Besucher schwer, sich zu lösen und wieder in die Kaffeestube hinunterzugehen.

Im Café Sherlock

Neben einer Buchhandlung hat im Seitentrakt des Hauses der KBV-Verlag seinen Sitz. „Spannung made in Germany" ist das Geschäft des KBV. Hier werden Auftragsmorde im Schwabenland, an der Waterkant und im Ruhrpott begangen. Egal ob Stadt, Land oder Fluss: Es gibt keine weißen Flecken mehr auf der deutschen Krimikarte. Und es gibt wohl keinen Verlag, der ein breiteres Sortiment von Krimis aus der Eifel anzubieten hat.

Neben dem Kriminalhaus bietet Hillesheim den Freunden von Detektivgeschichten auch noch ein Krimi-Hotel mit Themenzimmer und einem Escape-Room, in dem es knifflige Fälle zu lösen gilt. Auf einem Eifelkrimi-Wanderweg zeugen elf Schauplätze von Mord, Raub und Erpressung; es gibt hier aber auch durchaus Entspannung zwischen den Ermittlungen – zum Beispiel bei aussichtsreichen Fernblicken über die beruhigende Landschaft.

„Tatort" im Kriminalhaus

Lage: Hillesheim liegt knapp 25 Kilometer nordwestlich von Daun.

Websites:

- *hillesheim.de*
- *kriminalhaus.de*
- *krimihotel.de*

Aktivitäten:

- Eifelsteig: achte Etappe von Mirbach nach Hillesheim, neunte Etappe von Hillesheim nach Gerolstein; *eifelsteig.de/a-eifelsteig-etappe-8* und *eifelsteig.de/a-eifelsteig-etappe-9*
- Etwa acht Kilometer von Hillesheim befindet sich das beschauliche Niederehe. Hier lohnt ein Besuch des gut erhaltenen barocken Klosters mit einer romanischen Kirche, einem Original-Bau aus der Zeit um 1200. Ein Chorgestühl von 1530 sowie wertvolle Bildwerke aus dem 17. Jahrhundert bilden die wertvollsten Ausstattungsstücke. Die Balthasar-König-Orgel von 1715 wurde erst kürzlich restauriert. Der Eifelkrimi-Wanderweg führt an Niederehe vorbei. Es ist der Schauplatz der Episode „Tote Forellen und röhrende Motoren" nach der Vorlage von Jacques Berndorf.

25 Vulkan mit Tunnel

ARENSBERG

Der Arensberg war ursprünglich 590 Meter hoch, 50 Meter höher als jetzt. Seit dem 19. Jahrhundert wurde auf ihm und in ihm Basalt abgebaut. Deshalb wurde nicht nur eine mittelalterliche Burg und eine Kirche auf seiner Spitze abgetragen, sondern auch gleich die ganze Kuppe. Nach Erschöpfung der nutzbaren Basaltvorkommen schloss man den Steinbruch. Heute ist diese ehemalige Abbaustätte die Attraktion, die den Arensberg so besonders macht – er ist gewissermaßen der hohle Zahn der Eifelvulkane.

Der Arensberg ist eine der größten geologischen Attraktionen in der Vulkaneifel. Wo kann man schon durch einen Tunnel in das Innere eines Vulkans gehen? Gleich zwei Vulkanausbrüche haben diesen Berg erschaffen, der erste vor 32 Millionen Jahren, der zweite vor 24 Millionen Jahren. Vor allem der erste Ausbruch hatte es in sich.

Wer durch den Tunnel vom Parkplatz an der Zilsdorfer Basaltstraße kommend seine Flanke durchschreitet, steht plötzlich im Vulkaninnern. Wie sich das Magma durch andere Gesteinsschichten empor wölbte, sieht man hier in aller Pracht. An den Abbruchkanten sind die beim ersten Ausbruch ausgeworfenen Gesteinsblöcke inmitten der dunkleren Ascheablagerungen gut zu erkennen. Das Ganze wirkt ein wenig wie gemalt; in der Stille der Gesteine herrscht eine anmutige Atmosphäre. Man fühlt sich unweigerlich der Erde näher. Nach längeren Regengüssen sammelt sich das Wasser in Tümpeln auf dem Grund des hohlen Vulkans – sie füllen sich alsbald mit Leben.

Tunneleingang zum Vulkan

Die Steine der Arnolphuskirche auf der Vulkankuppe, die man 1822 abgerissen hatte, fanden eine neue Verwendung in der Pfarrkirche im nahe gelegenen Walsdorf. In Erinnerung an die Kirche steht heute am Weg vom Parkplatz zum Tunnel eine hübsche Kapelle. Die Reste der Burgruine Spiegelberg auf der Spitze des Arensbergs fiel zwischen 1927 und 1929 dem Steinbruch zum Opfer. Von ihr ist heute nichts mehr erhalten.

Der Arensberg von oben

Info

Lage: Der Arensberg liegt nördlich von Zilsdorf und etwa fünf Kilometer östlich von Hillesheim.

Websites:

- *eifel.info/a-arensberg-arnulphusberg-1*
- *geopark-vulkaneifel.de/eifel/landschaft/ausfluege-in-die-erdgeschichte/arensberg.html*

HINWEIS: Im Innern des Arensbergs haben Besucher vor Jahrzehnten einen Steinkreis angelegt, der immer wieder erweitert wurde und heute ein regelrechtes Labyrinth darstellt. Das Ganze erinnert ein wenig an eine vorzeitliche Kultstätte. Der Ort lädt zur Meditation und zum Nachdenken über die Natur und das Leben ein. Ob besondere Schwingungen von dieser Stelle ausgehen, wie manch einer behauptet, mag man an Ort und Stelle überprüfen.

26 Ein wachsender Wasserfall

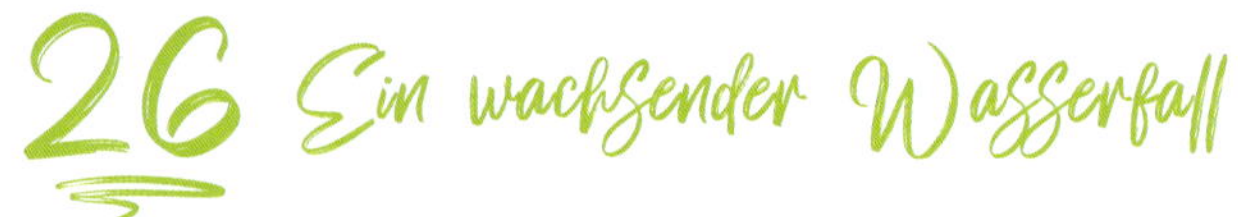

DREIMÜHLEN-WASSERFALL

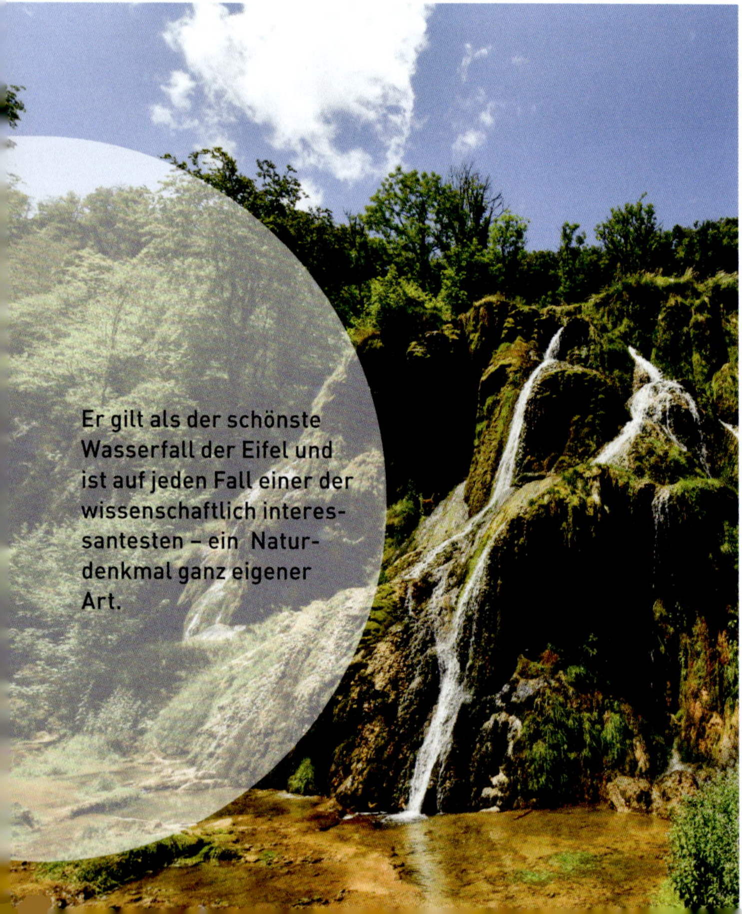

Er gilt als der schönste Wasserfall der Eifel und ist auf jeden Fall einer der wissenschaftlich interessantesten – ein Naturdenkmal ganz eigener Art.

Der Dreimühlen-Wasserfall bei Üxheim, benannt nach einer benachbarten Ruine, ist erst 1912 entstanden, als beim Bau der Eisenbahnlinie von Dümpelfeld an der Ahr nach Jünkerath drei Quellbäche zusammengefasst und als Mühlenbach durch eine Röhre unter dem Bahndamm umgeleitet wurden. Seitdem ergießt sich der Wasserfall über eine Geländekante in den Ahbach. Das wäre an sich nichts Besonderes, wenn das Wasser nicht ausgesprochen karbonatreich wäre. An der Spritzkante setzt es Kohlendioxid frei, das verbleibende Calziumkarbonat überkrustet das sich ansiedelnde Moos – dadurch wächst der Wasserfall immer weiter nach vorne ins Tal hinein, und zwar mit der beachtlichen Geschwindigkeit von rund zehn Zentimetern pro Jahr. Zwölf Meter sind so schon seit seiner Entstehung hinzugekommen. Ein halbes Kilo Kalk wird pro Stunde ausgefällt – 4,5 Tonnen im Jahr. Das ist ziemlich einmalig, und deshalb ist

Das Wasser fließt über Steine und Moose

der Wasserfall schon 1938 zum Naturdenkmal erklärt worden. Er gehört heute zu den Nationalen Geotopen Deutschlands. Seit 1986 sichern Betonfundamente die Sintermauer gegen ein Zusammenbrechen unter ihrem eigenen Gewicht.

Das Ganze ist nicht nur erstaunlich, sondern es sieht auch noch in der Kombination des Karbonat-Sintergesteins (Travertin) mit dem Moosbewuchs und dem plätschernden Wasser ausgespro-

Zwischen Wasserfall und Ahbach führt ein Holzsteg

chen schön aus. 2014 haben die Behörden umfangreiche Rodungen von Bäumen und niedrigen Gehölzen vorgenommen, sodass sich der Wasserfall seitdem in seiner ganzen Pracht zeigt.

Man kann sich dem Wasserfall auf verschiedenen Wegen nähern, nur mit dem Auto nicht. Ein Parkplatz befindet sich in etwa 1,5 Kilometer Entfernung. Radfahrer erreichen das Naturdenkmal über die inzwischen stillgelegte Eisenbahnlinie auf dem ausgebauten Bahndamm, über den jetzt der Kalkeifel-Radweg führt, Wanderer über den Eifelsteig (achte Etappe von Mirbach nach Hillesheim).

Info

Lage: Der Dreimühlen-Wasserfall liegt zwischen Nohn (weswegen er auch zuweilen als Nohner Wasserfall bezeichnet wird), Üxheim und Ahütte. An der L68 wurde zwischen Nohn und Stroheich kurz vor der Nohner Mühle ein Parkplatz angelegt, von dem man in rund 25 Minuten zu Fuß den Wasserfall erreicht.

Website: *dreimuehlen-wasserfall.de*

Einkehren:

- Nohner Mühle: Im ehemaligen Stallgebäude der Mühle bietet ein Café hausgebackenen Kuchen, frische Waffeln, Kaffee und Snacks an. Im Sommer sitzt man auf dem natursteingepflasterten Innenhof, im Winter an einem gemütlichen Kaminofen; Nohner Mühle 2, 54578 Nohn, *nohnermuehle.de*

HINWEIS: Die Nohner Mühle liegt in einem schluchtartigen Abschnitt des Ahbachs. 1804 wurde sie bei einem Hochwasser in dem engen Tal schwer beschädigt, wieder aufgebaut und war noch bis 1987 in Betrieb. Der letzte Müller Hans Blumenthal starb 2007. Neben dem Café befindet sich ein Seminarhaus.

27 Gigantische Steinkugel

LAVABOMBE STROHN

Die Steinkugel, so wie sie am Ortsrand von Strohn daliegt, hat gigantische Ausmaße: Doppelt so hoch wie ein Mensch, fünf Meter Durchmesser und sage und schreibe 120 Tonnen Gewicht. Allerdings ist ihre Bezeichnung als „Bombe" irreführend, denn sie wurde nie bei einer Explosion durch die Gegend geschleudert wie ihre kleineren Geschwister, die bei einem Vulkanausbruch durch die Gegend fliegen. Dazu reichten die Kräfte eines Eifelvulkans nicht aus. Die kleineren echten Lavabomben kann man neben ihrer riesenhaften Schwester anschauen und befühlen. Sie sind meist ei- oder spindelförmig, weil sie sich während ihres Fluges durch die Luft um ihre eigene Achse drehten und dabei erkalteten.

Die Lavabombe Strohn ist eines der beeindruckendsten Beispiele des Vulkanismus in der Eifel und eine vielbesuchte Attraktion, die überdies rund um die Uhr zugänglich ist und keinen Eintritt kostet.

Auch wenn die Strohner Lavabombe nie geflogen ist, hat sie eine dramatische Geschichte, die lange Zeit nicht klar war und über die erst eine Kernbohrung Aufschluss gegeben hat. Am Anfang war ein kleiner, glühender Lavabrocken, der beim Vulkanausbruch des nahe gelegenen Wartgesbergs in die Höhe geschleudert wurde. Er landete auf dem Kraterrand, rutschte zurück ins Innere des Vulkans und sammelte dabei wie ein Schneeball weitere glühende Lavaschichten an, die an ihm festklebten, bis er erneut hochkatapultiert wurde. Das wiederholte sich etliche Male. Schließlich erkaltete das Gebilde zu einem riesigen Monolithen und erstarrte. 1969 löste er sich bei Sprengarbeiten im Lavabruch des Wartgesbergs in 15 Meter Höhe aus der Wand. Das war der Moment seiner Entdeckung. Doch wie kam er an den Ortsrand von Strohn? Die Dorfbewohner nutzten den eisigen Winter 1980/81, um den Giganten auf einer Eisenplatte mithilfe eines Traktors über die gefrorene Schneedecke an seinen jetzigen Standort zu ziehen. Dort präsentiert er sich seitdem den Besuchern als in dieser Form seltener Zeuge des Vulkanismus.

Ein Monolith mit dramatischer Geschichte

Die Lavabombe ist das Eintrittstor zur wildromantischen Strohner Schweiz, wo sich der Alfbach in einem wilden Durchbruchstal einen Weg zwischen den umliegenden Bergen gegraben hat. Wenige hundert Meter die schmale Straße hinunter kommt man an einem interessanten geologischen Aufschluss vorbei, einem Querschnitt durch einen Lavastrom des Wartgesbergs. Eine Infotafel erläutert, was es dort zu sehen gibt. Noch etwas weiter führt der Weg zu einer aus der Landschaft verschwundenen Siedlung, Schutzalf. Es ist ein stiller, schöner Ort inmitten des sich weitenden Alfbachtals, in dem früher der Weiler stand: der Hof Schutzalf mit vier Häusern und einer Kapelle mit Bruderwohnung. Davon ist heute nichts mehr zu sehen außer zwei schweren, vierkantigen Steinen, die in der Schutzalfer Kapelle als Altarsteine dienten. Das Kirchlein war eine Wallfahrtskapelle, weil in ihr nach mündlicher Überlieferung ein Splitter des Kreuzes Jesu aufbewahrt wurde. Der Name Schutzalf rührt daher, weil der Ort im Schutze des Alftales lag. Das Gelände direkt am Alfbach ist heute Wiese und Weide.

Info

Lage: Strohn liegt etwa 13 Kilometer südöstlich von Daun.

Adresse: Zur Schweiz 2, 54558 Strohn

Website: *strohn.de*

Aktivitäten:

- Vulkanhaus Strohn: Hier kann man die Entstehung des Eifelvulkanismus nacherleben. Das interaktiv gestaltete Museum ist besonders für einen Besuch mit Kindern zu empfehlen. Experimente, in Wänden verborgene Exponate und begehbare Erlebnisräume bringen kleinen und großen Besuchern die Naturphänomene der Umgebung näher. Eine 12.000 Jahre alte Lavaspaltenwand, die bei einem Abbau im nahen Steinbruch gefunden wurde, sorgt für Staunen; Hauptstraße 38, 54558 Strohn, *vulkanhaus-strohn.de* und *strohn.de/fuer-neugierige-besucher/vulkane-erleben.html*

28 Argwöhnisches Miteinander

MANDERSCHEIDER BURGEN

Ein spektakulärer Blick auf die imposanten Ruinen der beiden Manderscheider Burgen bietet sich, wenn man über die Landesstraße 16 durch das Kerbtal des Seilbachs aus Richtung Pantenburg kommend über eine Haarnadelkurve Manderscheid erreicht. Vor dem Ortseingang befindet sich ein kleiner Parkplatz, von dort öffnet sich eine großartige Aussicht auf die Burgenanlagen.

In Wurfweite standen sich auf steilen Bergspornen die Niederburg und die Oberburg gegenüber, ehe die Zeitläufe sie in Ruinen verwandelte. Zwischen den Burgen verläuft die temperamentvolle Lieser, einst die Grenze zwischen dem Kurfürstentum Trier und dem Herzogtum Luxemburg. Die bereits seit 937 bekannte Oberburg und das benachbarte Dorf Manderscheid gehörten zu Kurtrier, die Niederburg mit ihrer Talsiedlung zu Luxemburg.

Jahrhundertelang beäugte man sich von den Türmen aus argwöhnisch. Die Niederburg wurde im 14. Jahrhundert fast zweieinhalb Jahre lang belagert. 1673 wurden beide Burgen durch die Franzosen zerstört. Sie sind aber auch in ihrem heutigen Zustand als Ruinen noch derart eindrucksvoll, dass man sie auf einem Rundweg unbedingt erkunden sollte. Zumal die Landschaft mit den dunklen Wäldern und dem romantischen, schwer zugänglichen Tal wie eine mittelalterliche Modelllandschaft erscheint.

Die Oberburg ist frei zugänglich und wirkt mit ihrem fünfstöckigen Bergfried noch heute martialisch. Die Niederburg kostet einen Eintritt, der den Besuch allemal wert ist. Von der Oberburg bietet sich ein unvergesslicher Blick auf die Niederburg, die als Idealtypus einer mittelalterlichen Burg wirkt mit dem Bergfried an der

Unterburg (vorne) und Oberburg

höchsten Stelle und den Felsen, die sich in das Liesertal hinabstürzen.

Im Sommer sind die Burgen Kulisse für ein buntes Mittelalterfest, dann geben sich auf der Turnierwiese am Fuße der Niederburg Gaukler, Handwerker und Minnesänger ein Stelldichein. Reizvoll ist die Gesamtanlage auch zur Weihnachtszeit, wenn am ersten Adventswochenende die Manderscheider Burgweihnacht gefeiert wird.

Wanderer kommen auf dem Lieserpfad und dem VulkaMaar-Pfad auf ihre Kosten und werden mit Ausblicken für manchen Anstieg belohnt, die ihresgleichen in der Eifel suchen. Seit Kurzem befindet sich im Bereich der Burgen auch ein alpiner Klettersteig, der anspruchsvollen Kletterspaß bietet. Er gilt als einer der besten deutschen Klettersteige außerhalb der Alpen. Für Familien und Ungeübte ist er schon seiner Länge wegen (die Gesamttour dauert drei Stunden) nicht zu empfehlen, zumal sein Schwierigkeitsgrad bis zur Kategorie „D" nicht ohne ist. Highlight ist eine 35 Meter lange Drahtseilbrücke. An der Turnierwiese bietet allerdings ein Übungsklettersteig die Gelegenheit, die richtigen Techniken zu erlernen – am besten unter Anleitung eines Klettersteigführers. Ausrüstung verleiht die Tourist-Information in Manderscheid in der Grafenstraße 21.

Maarmuseum

Eckfelder Urpferdchen

Lage: Manderscheid liegt etwa 15 Kilometer südlich von Daun.

Websites:

- *manderscheid.de*
- *burgenklettersteig.de*

Einkehren: Die Ortschaft hat im Kern ihren historischen Charakter erhalten. Restaurants, Cafés und Eisdielen laden zum Verweilen ein.

Aktivitäten:

- Eifelsteig: elfte Etappe von Daun nach Manderscheid, zwölfte Etappe von Manderscheid zum Kloster Himmerod; *eifelsteig.de/a-eifelsteig-etappe-11* und *eifelsteig.de/a-eifelsteig-etappe-12*
- Manderscheider Maarmuseum: Das Museum ist neben dem Vulkanhaus in Strohn und dem Naturkundemuseum in Gerolstein das wichtigste naturhistorische Museum der Vulkaneifel. Hier wird die Entstehung der „Augen der Eifel", die Maare, anschaulich erklärt – unter anderem durch ein begehbares Maarmodell. Highlight des Maarmuseums ist das „Eckfelder Urpferdchen", das nur einen halben Meter große Skelett einer 45 Millionen Jahre alten trächtigen Stute. Es wurde bei Grabungen im Eckfelder Maar unweit von Manderscheid entdeckt. Insgesamt 30.000 Funde haben das älteste Maar der Eifel zu einer berühmten Stätte der Wissenschaft werden lassen; Wittlicher Straße 11, Manderscheid. *eifel.info/a-maarmuseum-manderscheid*
- Einen Besuch lohnt die Wachsmanufaktur von Michael Moll: Der Kerzenzieher, Imker und Koch hat vor etlichen Jahren in einem umgebauten historischen Bauernhaus in Manderscheid eine weithin bekannte Mitmach-Werkstatt und Verkaufsräume eingerichtet. Verschiedene Workshops führen Interessierte in das selten gewordene Handwerk des Kerzenziehens ein; Kurfürstenstraße 39, 54531 Manderscheid, *kerzenmoll.de*

29 Eins sein mit sich und der Natur

ACHTSAMKEITSPFAD MANDERSCHEID

Achtsamkeit bedeutet, im Hier und Jetzt zu sein, körperlich – vor allem aber auch mental. Das ist für viele Menschen heutzutage nicht ganz einfach. Sie hängen entweder in der Vergangenheit oder malen sich aus, was kommen mag – häufig nichts Gutes.

Markierung auf dem Pfad

„Die Menschen hetzen in ihren Gedanken immer in die Zukunft, um ja nichts zu verpassen. Dabei entgeht ihnen genau dann das, was wirklich gerade passiert“, sagte der Psychiater Michael Huppertz. Achtsam zu sein ist daher ein Megatrend unserer Zeit. Es ist die bewusste Wahrnehmung und das Erleben des aktuellen Moments. Aufmerksamkeit den kleinen Dingen gegenüber ohne sie zu bewerten, das verschafft Beruhigung und Entschleunigung. Schon wenige achtsame Momente am Tag fördern die Lebensqualität.

In der Vulkaneifel gibt es einen Wanderweg, der zu dieser Fokussierung beitragen soll: der Achtsamkeitspfad bei Manderscheid. Ziel ist es, Zeit mit sich selbst zu verbringen, zu entspannen und Kraft zu tanken. Wer sich auf den etwa sechs Kilometer langen, leicht zu gehenden Weg einlässt und die verschiedenen Stationen dabei entdecken möchte, hat eine faszinierende Begleiterin: die Kleine Kyll. Sie ist ein Nebenbach der Lieser und fließt mehr oder weniger parallel zur weiter westlich verlaufenden Kyll, mit der sie aber keine Verbindung hat. In zahllosen Windungen mit Prall- und Gleithängen bleibt sie stets an der Seite des Wanderers auf dem Achtsamkeitspfad durch die vulkanische Landschaft – mal still, mal plätschernd, mal rauschend. Schon das Hören auf das Sprudeln und Gurgeln des Flüsschens öffnet die Sinne, erdet und beruhigt. Mächtige Basaltblöcke am Ufer laden dazu ein, sich hinzusetzen und dem fließenden Wasser zuzuschauen – Beruhigung pur.

Die Kleine Kyll

Der Achtsamkeitspfad führt von der Eifelklinik durch einen prachtvollen Wald zunächst auf der linken Seite

Germanenbrücke

Basaltsteine im Bachlauf

Wolfsschlucht

der Kleinen Kyll bis zur Germanenbrücke und dann auf dem anderen Ufer wieder zurück. Sieben Achtsamkeitspunkte laden dazu ein, sich mit allen Sinnen auf die Umgebung einzulassen – ein Wassertretbecken kurz nach dem Start, ein Platz zum Planschen im Bach an der Brücke Bleimesau beispielsweise oder auch eine Installation zur Geräuschwahrnehmung am „Ort des Hörens". Wer mag, kann auch an den Blumen am Wegesrand riechen oder einen der vielen knorrigen alten Bäume berühren. Vieles, was wir tun, kann die Achtsamkeit fördern. Der Pfad bei Manderscheid hilft dabei.

Am Wendepunkt des Achtsamkeitswegs, an der Germanenbrücke, erreicht man in wenigen Schritten eine der bemerkenswertesten Schluchten der Eifel – die Wolfsschlucht. Hier, am Ende des Horngrabens, einem kleinen Bach, sind Lavaströme aus dem Mosenbergvulkan erkaltet und haben mächtige Basaltsäulen gebildet. Früher wurden sie abgebaut. Die hohen Bäume verstärken noch den Eindruck des Düsteren und Gefährlichen. Ein schmaler, etwas abenteuerlicher und recht anspruchsvoller Pfad führt hinauf auf den Rand der Wolfsschlucht. Die Strecke ist von unten nach oben leichter zu bewältigen als umgekehrt. Der Weg sollte nicht verlassen werden, es besteht Absturzgefahr.

Info

Lage: Der Achtsamkeitspfad liegt südwestlich von Manderscheid unterhalb der L16 Richtung Bettenfeld.

Adresse Einstieg in den Steig: Eifelklinik, Mosenbergstraße 19, oder Hotel-Restaurant Heidsmühle, Mosenbergstraße 22, 54531 Manderscheid. Hier hat man eine verkürzte Strecke vor und die beiden ersten Achtsamkeitspunkte bereits hinter sich.

Einkehren:

- Heidsmühle: Die familiengeführte Heidsmühle ist ein beliebter Ausgangspunkt für Wanderungen in die nähere und weitere Umgebung. Im Restaurant gibt es regionaltypische Küche und heimische Spezialitäten; Mosenbergstraße 22, 54531 Manderscheid, *www.heidsmuehle.de*

30 Der einzige seiner Art nördlich der Alpen

DER WINDSBORN-KRATERSEE

Zwölf wassergefüllte Maare gibt es in der Eifel, aber nur einen Kratersee. Die Maare entstanden aus dem explosiven Kontakt von Magma und Grundwasser. Der Kratersee bildete sich hingegen erst nach und nach auf der Spitze eines erloschenen Schlackenkegels. Windsborn-Kratersee heißt er – und ist nördlich der Alpen einmalig.

Vor etwa 80.000 Jahren brach hier einer von vier Vulkanen der sogenannten Mosenberggruppe aus und spuckte Lava. Nachdem er erkaltet war, bildete sich aus Regenwasser in dem ehemaligen Kraterschlund ein See. Dieser Windsborn-Kratersee liegt im Gegensatz zu den in das Landschaftsrelief eingesenkten Maaren *über* der Umgebung – genau genommen auf 497 Meter. Der Krater hat einen Durchmesser von etwa 300 Metern und ist rund 30 Meter tief in einem Ringwall aus Schweißschlacken eingesenkt. Dabei handelt es sich um aus dem Vulkan herausgeworfene Gesteine, die beim Abkühlen miteinander verklebten. Der unter Naturschutz stehende See ist kleiner als der Krater und besitzt eine Tiefe von nur 80 bis 150 Zentimetern. Durch natürliche Verlandungsprozesse schrumpft er unablässig. Gespeist wird der See einzig und allein aus Regenwasser.

Dem Besucher bietet sich eine märchenhafte Landschaft. Zwei Holzstege führen hinaus in das stille Wasser, in dem sich die Wolken spiegeln. Die Luft ist erfüllt von einer Vielzahl von Insekten, die hier einen wertvollen Lebensraum haben. Insbesondere für Libel-

Der Windsborn-Kratersee liegt märchenhaft schön

len ist der Windsborn-Kratersee ein wahres Paradies. In den streng geschützten Verlandungszonen finden die Gemeine Smaragdlibelle oder die Glänzende Binsenjungfer zwischen Fieberklee, Sumpfblutauge und Schwingrasen alles, was sie brauchen.

Der See lässt sich entlang der Uferzone auf einem kleinen Spaziergang umrunden. Das Windsborn-Gipfelkreuz auf dem Ringwall bietet eine schöne Aussicht von oben auf dieses Kleinod. Einen etwas

Der See speist sich allein aus Regenwasser

größeren Bogen schlägt der gut fünf Kilometer lange Wanderweg HeimatSpur Kraterseen Mosenberg.

Die Mosenberg-Vulkangruppe mit dem zugehörigen Windsborn-Kratersee wurde zusammen mit dem nicht weit entfernten Meerfelder Maar 2006 in die Liste der 80 besten Geotope Deutschlands aufgenommen.

Lage: Der Windsborn-Kratersee liegt Manderscheid und Bettenfeld.

Website: *eifel.info/a-mosenberg-vulkangruppewindsborn-krater*

Aktivitäten:

- Nördlich des Windsbornkraters befindet sich das kleine Hinkelsmaar, das ebenso wie der Windsbornkrater kein Maar ist, sondern der Überrest eines Vulkanbergs. Hier konnte sich kein Wasser ansammeln, aber das Biotop im Hinkelsmaar ist als Moor nicht minder wertvoll. Es steht daher ebenfalls mit seinen angrenzenden Flächen unter Naturschutz.
- Vom Gipfelkreuz am Windsbornkrater kommt man nach einem guten Kilometer in südlicher Richtung zum Vulkanerlebnispark Mosenberg. Die ehemalige Grube ist als Ausflugsziel ein Muss für geologisch Interessierte. Durch den 1993 beendeten Abbau von Lavagestein wurden hier in einer Steilwand vulkanische Förderschlote und Lavaschichten freigelegt. Es ist, als hätte man einen Vulkan quer aufgeschnitten und blickte in seinen inneren Aufbau. Seit 2010 erklären Schautafeln den Vulkanismus in der Eifel. Eine Sammlung von Gesteinen zeigt unterschiedliche Arten von Originalobjekten. Der Vulkanerlebnispark ist nur zu Fuß zu erreichen; in der Nähe des offenen Info-Pavillons gibt es allerdings zwei Parkplätze für Behinderten-Fahrzeuge mit entsprechender Berechtigung.

Bizarre Felsformationen in der Südeifel

Südeifel

31. Mehr als Jurassic Park: Dinosaurierpark Teufelsschlucht
32. Als die Eifel ein tropisches Meer war: Devonium Waxweiler
33. Besondere Synthese: Schloss Weilerbach und Eisenmanufaktur
34. Mahnmal aus Beton: Westwallbunker „Katzenkopf“

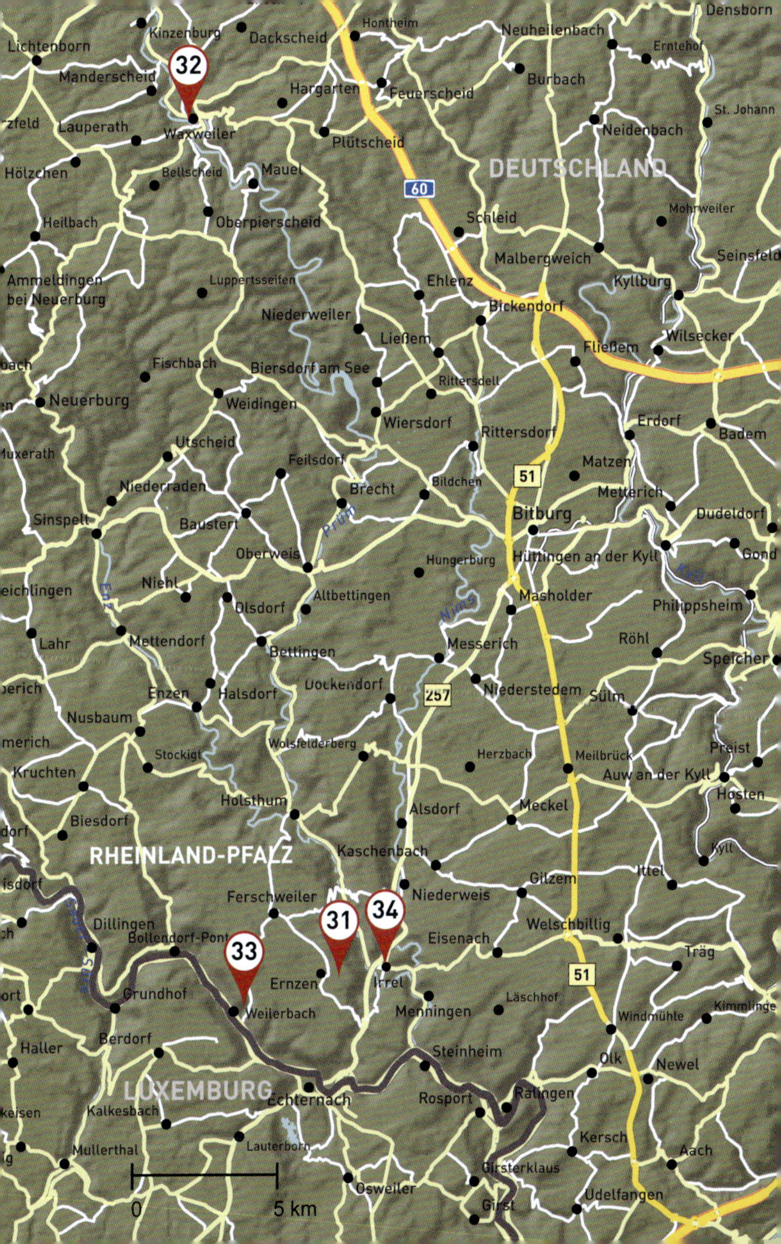

DEUTSCHLAND
RHEINLAND-PFALZ
LUXEMBURG
Densborn
Kinzenburg
Dackscheid
Hontheim
Neuheilenbach
Erntehof
Lichtenborn
Manderscheid
Hargarten
Feuerscheid
Burbach
St. Johann
Lauperath
Waxweiler
Plütscheid
Neidenbach
Hölzchen
Bellscheid
Mauel
Heilbach
Oberpierscheid
Schleid
Mohrweiler
Malbergweich
Seinsfeld
Ammeldingen bei Neuerburg
Luppertsseifen
Ehlenz
Kyllburg
Niederweiler
Bickendorf
Ließem
Fließem
Wilsecker
Fischbach
Biersdorf am See
Rittersdell
Neuerburg
Weidingen
Wiersdorf
Erdorf
Badem
Rittersdorf
Utscheid
Feilsdorf
Matzen
Niederraden
Brecht
Bildchen
Metterich
Bitburg
Dudeldorf
Sinspelt
Baustert
Prüm
Oberweis
Hungerburg
Hüttingen an der Kyll
Gond
Niehl
Enz
Olsdorf
Altbettingen
Masholder
Philippsheim
Nims
Lahr
Mettendorf
Bettingen
Messerich
Röhl
Speicher
Enzen
Halsdorf
Dockendorf
Niederstedem
Sülm
Nusbaum
Stockigt
Wolsfelderberg
Herzbach
Meilbrück
Preist
Kruchten
Auw an der Kyll
Hosten
Holsthum
Meckel
Biesdorf
Alsdorf
Kaschenbach
Kyll
Ittel
Gilzem
Ferschweiler
Niederweis
Dillingen
Welschbillig
Bollendorf-Pont
Eisenach
Träg
Ernzen
Irrel
Grundhof
Läschhof
Weilerbach
Menningen
Windmühle
Berdorf
Haller
Steinheim
Olk
Newel
Ralingen
Echternach
Rosport
Kalkesbach
Kersch
Lauterborn
Aach
Mullerthal
Girsterklaus
Osweiler
Udelfangen
Girst
0
5 km
60
51
257
32
31
33
34

31 Mehr als Jurassic Park

DINOSAURIERPARK TEUFELSSCHLUCHT

Nicht erst seit dem Film „Jurassic Park“ erfreuen sich Dinosaurier großer Beliebtheit. Die Riesenechsen, die vor 235 Millionen Jahren aufkamen und vor 66 Millionen Jahren plötzlich von der Bühne der Erde verschwanden, üben eine eigenartige Faszination auf uns Menschen des 21. Jahrhunderts aus – vielleicht weil sie uns zeigen, wie schnell es mit der Herrlichkeit einer Tierart vorüber sein kann.

Es ist etwas anderes, ob man in einem Naturkundemuseum wie in Berlin oder Frankfurt vor dem Skelett eines solchen Koloss steht, oder ob man ihn so quasi in freier Natur auf einer Lichtung oder im Wald sieht. Der Dinosaurierpark Teufelsschlucht zeigt uns die ausgestorbenen Tiere zuweilen derart lebensecht, dass man meint, direkt im Erdzeitalter des Jura oder der Kreide gelandet zu sein, als die Dinosaurier die Erde beherrschten.

Mammut

Auf einem knapp zwei Kilometer langen Rundweg reisen die Besucher des Parks durch 600 Millionen Jahre Erdgeschichte. Sie beginnt weit vor der Dino-Ära, schon im Devon, als sich vor 400 Millionen Jahren das Schiefergestein bildete, das heute charakteristisch für die Eifel ist. 170 Rekonstruktionen überwiegend ausgestorbener Tierarten stehen links und rechts vom Wegesrand und geben einen Eindruck von der Größe und der Lebensweise der Bewohner der verschiedenen Erdzeitalter. Es geht nicht nur um die Echsen, aber das Hauptaugenmerk liegt auf den Dinosauriern. Es sind nicht nur für Kinder eindrucksvolle Begegnungen. Mit 45 Meter Länge und mehr als acht Meter Höhe übertrifft der Seismosaurus, die „Erdbebenechse", alle anderen. Das Modell dieses Giganten ist das größte Dinosauriermodell Europas.

Einer der Stars des Parks ist der Dilophosaurus, der hier auch der Teufelsschlucht-Dinosaurier genannt wird: Die Fossilien dieses großen Raubsauriers mit auffallendem Knochenkamm auf dem Kopf, der vor 200 Millionen Jahren lebte, wurden vor einigen Jahren im nahen Luxemburg gefunden. Inzwischen ist auch ein zweiter Luxemburger Dinosaurier im Park eingezogen. Eigens für den Dinopark wurde ein Modell des Eifelosaurus angefertigt, eines Urzeitreptils, dessen Überreste nahe Hillesheim in der Eifel freigelegt wurden.

Zum Ausprobieren und Erkunden lädt ein „Forschercamp", der Mitmach-Bereich im Zentrum des Parks, ein. Hier befindet sich auch die wissenschaftliche Präparationswerkstatt für Fossilien, das „PaleoLab". Dort bearbeitet und konserviert ein geowissenschaftlicher Präparator Original-Fundmaterial ausgestorbener Arten für die Forschung, für Ausstellungen und Sammlungen. Die Besucher können ihm bei seiner Arbeit zuschauen und erhalten in Führungen und Workshops einen authentischen Einblick in die Wissenschaft der Paläontologie. Im „Forschercamp" können Kinder kleine Dino-Skelette oder echte Fossilien freilegen, mit etwas handwerklichem Geschick und Sorgfalt faszinierende Kristall-Geoden öffnen, glänzende Pyritwürfel aus dem Gestein lösen und Fossilplatten aufspalten, in denen vielleicht ein versteinerter Fisch ans Licht kommt. Das begeistert nicht nur Kinder, sondern auch Erwachsene.

Im letzten Viertel des Parks, die Dinosaurier sind hier längst ausgestorben, geht es um die Entwicklung der Säugetiere und der Menschen bis in die Gegenwart. Und nicht nur das: Bis in 200 Millionen Jahre trauen sich die Parkgestalter in die Zukunft zu schauen. Die Tiere, die dann die Erde bevölkern werden, entspringen der reinen Fantasie. Nur eines ist sicher: Die Erde wird es dann immer noch geben, uns Menschen aber nicht mehr. Der Mensch und seine Vorformen sind alles in allem 500.000 Jahre alt – er hat wohl noch eine gewisse Zeit auf diesem Planeten vor sich, je nachdem, wie er mit ihm umgeht. Aber in 200 Millionen Jahren dürften andere Geschöpfe die Erde beherrschen, und wir werden ausgestorben sein. So wie vor 66 Millionen Jahren die Dinosaurier.

Felsformation im Ferschweiler Plateau

Info

Lage: Der Dinosaurierpark Teufelsschlucht liegt zwischen Ernzen und Irrel, etwa 20 Kilometer südwestlich von Bitburg.

Adresse: Ferschweilerstraße 50, 54668 Ernzen

Website: *dinopark-teufelsschlucht.de*

HINWEISE:

- Das Ferschweiler Plateau, auf dem der Dinosaurierpark liegt, ist acht Kilometer lang und bis zu fünf Kilometer breit. Es ist ein ehemaliger, 190 Millionen Jahre alter Meeresboden und überragt die Umgebung um rund hundert Meter. Bei Ferschweiler macht das Plateau einen topfebenen Eindruck, doch unterschiedliches Erosionsverhalten hat zum Teil bizarre Felsformationen entstehen lassen. Gegen Ende der letzten Eiszeit vor etwa 12.000 Jahren führte der Wechsel von Frost- und Tauperioden zu gewaltigen Felsstürzen am Rand der Hochfläche. Ein großer Sandsteinblock kippte damals aus der Plateauwand heraus und öffnete so eine heute 28 Meter tiefe Felsspalte, die jeden fasziniert, der sie einmal durchlaufen hat: die Teufelsschlucht. Mehrere Wanderrouten führen durch sie hindurch.
- Das Ferschweiler Plateau ist auch reich an vorzeitlichen menschlichen Relikten. Spätestens seit der Bronzezeit wussten die Menschen die natürliche Festungslage des Plateaus zu schätzen. Ob Druidenstein, Menhire, Heidenaltar oder ein Diana-Denkmal – das Plateau ist voll von solchen Artefakten, die es zu einer bedeutenden Attraktion in der Eifel machen. Herausgegriffen sei das Fraubillenkreuz, ein christianisierter Menhir, der als der bedeutendste seiner Art gilt. Er befindet sich zwischen Schankweiler, Ferschweiler und Bollendorf. Der 3,5 Meter große, fast 5000 Jahre alte Menhir wurde in der Frühzeit des Christentums zu einem gewaltigen Kreuz ummodelliert.

32 Als die Eifel ein tropisches Meer war

DEVONIUM WAXWEILER

In Waxweiler dreht sich alles um das Devon. Das war das Erdzeitalter vor rund 400 Millionen Jahren. Damals spülten die Flüsse eines noch weitgehend unbelebten Kontinents, Laurussia, Sande, Tone und Steine in ein flaches tropisches Randmeer. Die Sedimente setzten sich in dem Meer ab.

Wo heute Waxweiler liegt, befand sich im Devon ein Flussdelta, vergleichbar dem Orinoco-Delta in Venezuela. Pionierpflanzen machten sich damals gerade auf, aus den damaligen Tümpeln und Seen das Land zu erobern – die erste grüne Revolution auf der Erde. Davon erzählt ein kleines, feines Museum in Waxweiler. Das Devonium ist das erste Museum in Deutschland, das sich diesem Erdzeitalter widmet. Es dokumentiert einzigartige fossile Pflanzenfunde aus dem genannten Delta im Erdalterum. Die meisten von ihnen stammen aus dem benachbarten Steinbruch Köppen. Sie wurden ursprünglich von der Familie Rebske aus Bergisch Gladbach über 25 Jahre hinweg gesammelt.

Neben den versteinerten Fundstücken und den Pflanzen, die das Devon überlebt haben – Moose, Farne und Bärlappgewächse, die es auch heute noch im Naturpark Südeifel gibt – zeigt das Museum die Entwicklung der Erde in den vergangenen 500 Jahren in Schautafeln mit Grafiken und knappen Texten. „Sprechende

Funde aus dem Steinbruch Köppen

„Sprechende Steine“ in der Ausstellung

Steine“ erzählen darüber hinaus die Naturgeschichte unseres Planeten in der letzten halben Milliarde Jahre.

Auch zu sehen: ein „Urviech“

Das Devonium wurde 2006 eingerichtet. Es ist damit eines der modernsten Museen der Eifel. Sehenswert ist auch der Museumsbau. Untergebracht ist die Ausstellung in einem modernen Baukörper, der sich an das 1988 eröffnete „Haus des Gastes“ in einem historischen Bau aus dem Jahr 1900 anschließt und eine reizvolle optische Verbindung zur benachbarten Waxweiler Kirche schafft. Architektonisch trifft hier Gegenwart auf Vergangenheit.

Im Innern gibt es eine ebenfalls reizvolle Verbindung zwischen den Millionen Jahren der Erdgeschichte und den Artefakten, die Menschen in einer im Vergleich zu den Erdzeitaltern lächerlich kurzen Periode – der Antike – im Raum Waxweiler hinterlassen haben: Im ersten Stock des Altbaus sind einige Relikte aus der Römerzeit zu sehen.

Wer nach einem Museumsbesuch Lust hat, selbst hinaus in die Natur zu gehen, ist in Waxweiler bestens am Start. Die Ortsgemeinde im Naturpark Südeifel ist umgeben von waldreichen Hängen des Prümtal. Naturnahe Wanderwege führen hinaus auf die Eifelhöhen.

Info

Lage: Das Devonuim Waxweiler liegt etwa 25 Kilometer nordöstlich von Bitburg, zwischen Neuerburg und Prüm.

Adresse: Hauptstraße 28, 54649 Waxweiler

Website: *devonium.de*

Aktivitäten:

- Knapp 20 Kilometer nordwestlich von Waxweiler liegt Prüm. Die Stadt wurde im Zweiten Weltkrieg während der Ardennenoffensive fast völlig zerstört, aber das dortige Kloster ist nach wie vor einen Abstecher wert. Die Abtei wurde schon von der Urgroßmutter Karls des Großen, Bertrada, im Jahr 721 gestiftet. Es war das Hauskloster der Karolinger. In der ehemaligen Abteikirche Sankt Salvator, heute Pfarrkirche und Basilica minor, liegt der deutsche Kaiser Lothar I. (795–855) begraben. Das Kloster selbst war einst eines der mächtigsten in Westdeutschland. Legendär ist die Dauerfehde mit dem Erzbistum Trier, das sich die Abtei und ihre Ländereien schließlich 1576 einverleiben konnte. Nach der Französischen Revolution wurde das Kloster aufgelöst. In seinen Räumlichkeiten war bis 2023 ein Gymnasium untergebracht. Dessen fast 1000 Schüler mussten während einer auf fünf Jahre geplanten Grundsanierung in eine Modulschule umziehen.

33 Besondere Synthese

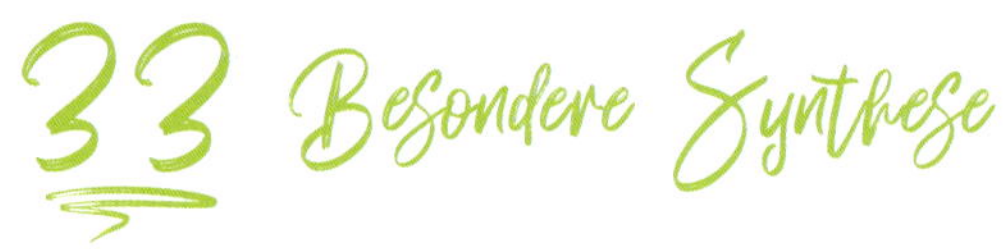

SCHLOSS WEILERBACH UND EISENMANUFAKTUR

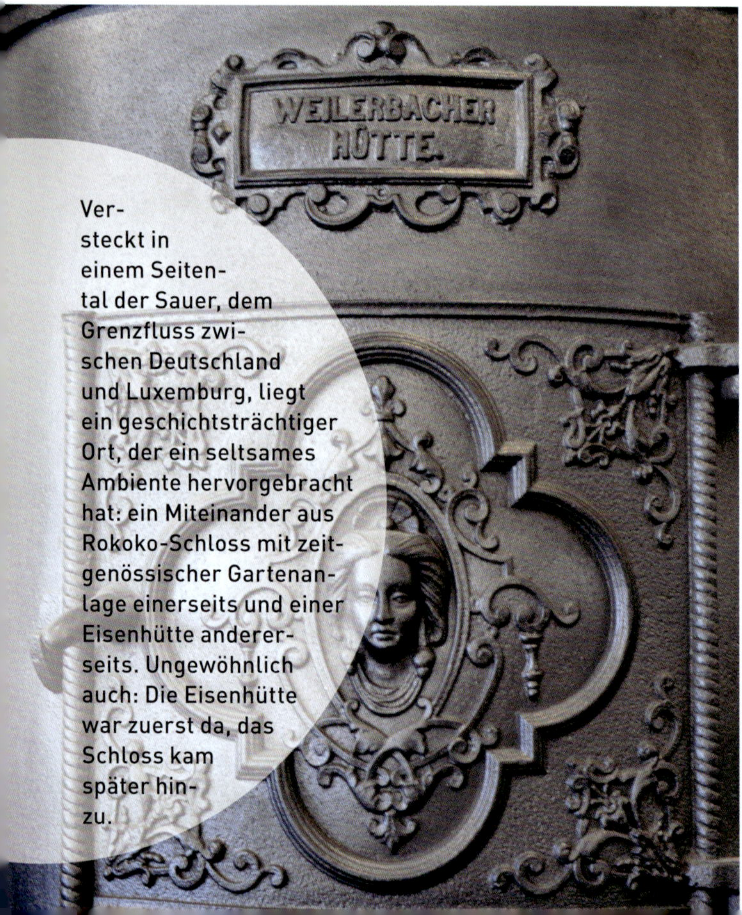

Versteckt in einem Seitental der Sauer, dem Grenzfluss zwischen Deutschland und Luxemburg, liegt ein geschichtsträchtiger Ort, der ein seltsames Ambiente hervorgebracht hat: ein Miteinander aus Rokoko-Schloss mit zeitgenössischer Gartenanlage einerseits und einer Eisenhütte andererseits. Ungewöhnlich auch: Die Eisenhütte war zuerst da, das Schloss kam später hinzu.

1762 erwarb die nahe gelegene Abtei Echternach eine kleine Eisenhütte oberhalb von Bollendorf. Als sich ein paar Jahre später die alte Anlage nicht mehr erweitern ließ, entschlossen sich die Mönche, am nahe gelegenen Weilerbach eine größere Anlage zu errichten. Die Eifel war ja von jeher auch ein Industriegebiet, in dem vor allem das hier reichlich vorkommende Eisenerz gefördert

Schloss Weilerbach mit barocker Fassade

wurde. Die neue Eisenhütte bekam eine Schmelze, ein Pochwerk, ein Großhammerwerk, drei Kleinhammerwerke, ein Schneidewerk, eine Gießerei und eine Sägemühle. Die Ausmaße dieses Industriekomplexes waren enorm, heute kann man das nur erahnen. 1780 wurde vom letzten Echternacher Abt, dem baufreudigen Emmanuel Limpach, das Schloss an den Rand des Eisenwerks gesetzt – als Verwaltungssitz der Hütte und als Sommerresidenz des Abts. Die Hütte lag dem Abt derart am Herzen, dass sich seine Mönche beim Trierer Erzbischof über diesen kapitalistischen Eifer beschwerten. Er musste sich aus dem Geschäftsleben zurückziehen. Die Freude des Klosterchefs an dem Schloss vor imposanter Industriekulisse währte ohnehin nicht lang: 1794 eroberten französische Revolutionstruppen Echternach und Weilerbach, Schloss und Hütte wurden versteigert und kamen in Privatbesitz.

In der Eisenhütte wurden weithin bekannte Eisenöfen, Takenplatten, Dreschmaschinen und später auch Stahlprodukte hergestellt. Eine kleine Sammlung davon ist heute im Museumscafé „Remise" zu sehen. Dort hängt auch ein Bild, das die gewaltige Anlage gegen Ende des 18. Jahrhunderts zeigt und das einen Eindruck von ihrer Größe vermittelt. Viel ist von den Industriegebäuden heute nicht mehr zu sehen. Der freistehende Schornstein neben dem Parkplatz wirkt verloren, die daneben liegenden Mauern der einstigen Hammerwerke und Gießofenhallen sind die letzten Reste der Produktionsanlagen und wirken wie archäologische Ausgrabungen. Dabei wurde der Betrieb der Hütte erst 1958 eingestellt.

Ausstellung von Eisenöfen im Museumscafé

Das Schloss hingegen, ein eleganter zweigeschossiger Barockbau, der während der Ardennenoffensive schwer beschädigt wurde, hat sich mit der Renovierung zwischen 1987 und 1992 wieder fein herausgeputzt und erstrahlt in altem Glanz als Rokoko-Juwel. Es hat sich von seiner industriellen Nachbarschaft, für das es doch einst gebaut worden war, befreit und funkelt als Solitär über einem stilisierten Wassergraben, der einst der Energiegewinnung diente. Auffällig sind die vielen in Stein gehauenen Fratzen über den Fenstern des Mittelteils. Sie sollen Trübsinn abwehren.

Zu besichtigen ist das Schloss leider nicht. Es ist heute Sitz eines privaten Unternehmens und wird vom Landkreis Bitburg-Prüm gelegentlich für kulturelle Veranstaltungen genutzt. Im Gartensaal des Schlosses können Paare den Bund fürs Leben schließen.

Info

Lage: Weilerbach liegt ca. 22 Kilometer südwestlich von Bitburg.

Adresse: Schloss Weilerbach 3, 54669 Bollendorf

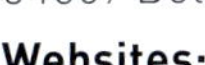

Websites:

- *eifel.info/a-schloss-und-eisenhuette-weilerbach*
- *schloss-weilerbach.de*

Aktivitäten:

- Echternach, die älteste Stadt Luxemburgs auf der anderen Seite der Sauer in der Wanderregion Luxemburger Schweiz, ist bekannt geworden durch die Echternacher Springprozession, die stets am Dienstag nach Pfingsten stattfindet und die seit 2010 zum immateriellen Weltkulturerbe gehört. Echternach mit seinem umfangreichen historischen Baubestand lohnt in jedem Fall einen Ausflug. Zentrum ist die Sankt-Willibrordus-Basilika der Abtei. Das Abteimuseum zeigt schöne Handschriften und informiert über das Werk des Heiligen Willibrord, einem englischen Mönch, der im 8. Jahrhundert die Abtei gegründet hatte. Das Besucherzentrum an der römischen Villa vermittelt einen Eindruck vom Leben in einem Herrenhaus des Römischen Reichs, einer der größten Villenanlagen ihrer Zeit nördlich der Alpen.
  visitechternach.lu/de/die-stadt-echternach

34 Mahnmal aus Beton

WESTWALLBUNKER „KATZENKOPF“

Eine düstere Zeit hat sich in der Eifel buchstäblich in den Boden eingegraben. Der Westwall durchzog den Westen Deutschlands auf 630 Kilometer Länge von Weil am Rhein an der Schweizer Grenze bis nördlich von Kleve an der Grenze zu den Niederlanden.

Zwischen 1936 und dem Kriegsbeginn an der Westfront im Mai 1940 entstanden rund 18.000 Bunker und größere Stellungen, 250 Kilometer Höckerlinien und 90 Kilometer Panzergräben. 350.000 Arbeiter der Organisation Todt und zehntausende Kräfte des Reichsarbeitsdienstes und der Wehrmacht bauten diesen Betonwall, der das Deutsche Reich gegen einen Angriff aus Westen schützen sollte. Der kam bekanntlich nicht, dafür überfiel und besetzte Hitler die westlichen Nachbarn Deutschlands und fügte den Menschen auch dort unermessliches Leid zu.

In Irrel, unweit der Grenze zu Luxemburg, hat die Freiwillige Feuerwehr einen mächtigen Westwallbunker nach seiner teilweisen Sprengung wieder instand gesetzt und der Öffentlichkeit zugänglich gemacht. Sage und schreibe 66.000 unentgeltliche Arbeitsstunden investierten die Feuerwehrkameraden aus Irrel seit 1976 in den Westwallbunker „Katzenkopf", unterstützt von örtlichen Gewerbetreibenden, der Flugplatzfeuerwehr Bitburg, des damaligen Bundesgrenzschutzes und vielen weiteren Freiwilligen. Der Bunker wurde durch dieses außergewöhnliche ehrenamtliche Engagement zu einem authentischen Memorialmuseum, das seit 1979 an die düsterste Zeit der Eifel erinnert. „Einst Werkzeug des Krieges, heute Mahnmal zum Frieden" lautet das Motto des Museums.

Bunker und später errichtetes Gedenkkreuz

Von Ostern bis Oktober ist der Bunker, ein so genanntes Panzerwerk (weil es mit ein bis zwei Meter dicken Stahlbetonwänden gepanzert war), an Sonn- und Feiertagen zu besichtigen. Dann besetzen die nach wie vor engagierten Irreler Feuerwehrleute das Kassenhäuschen, geben Auskunft zur Geschichte des monströsen Bauwerks und führen Besuchergruppen durch die drei Stockwerke tief in die Erde reichende Anlage mit ihren gewaltigen Ausdehnungen. Zu sehen sind Gänge, Tunnel, Treppenhäuser, Reste der Sanitäranlagen, Aufenthalts- und Führungsräume, Großraumgasfilter und die Energiezentrale, wo einst 17.000 Liter Diesel eingelagert wurden – für den Fall, dass die bunkereigenen Aggregate die Stromversorgung für Lüfter, Licht und Wasserpumpen übernehmen mussten. Im Regelfall war der Bunker an das Irreler Stromnetz angeschlossen.

Schautafeln informieren die Besucher

Viele Besucher empfinden den Gang in die Tiefe als beklemmend und vergleichen die Atmosphäre mit einem U-Boot. Womöglich haben das auch die Soldaten so erlebt, die hier ihren Dienst verrichten mussten. Die planmäßige Besatzung des Bunkers betrug 84 Mann, die in Stuben zu je 18 Mann hausten. Einige der dreigeschossigen Betten sind erhalten und vermitteln heute noch ein Gefühl der Enge, die dort unten herrschte.

Wo inzwischen Wald wächst, ragten früher Panzerkuppeln mit Geschützen aus der Erde und sollten dem aus Westen heranrückenden Feind dicht hinter der Grenze stoppen. Wegen des Vormarsches der Wehrmacht nach Westen hat die Anlage nie ihren zugedachten Zweck erfüllt – nicht einmal 1944, als sich die militärische Lage um 180 Grad gedreht hatte und sich die Alliierten nach dem letzten vergeblichen deutschen Aufbäumen in der Ardennenoffensive anschickten das Reichsgebiet zu erobern. Der Artilleriebeschuss der Amerikaner zermürbte die Bunkerbesatzung – ein letztes Aufgebot aus Mitgliedern der

Verbindungstunnel

Hitlerjugend zwischen 14 und 16 Jahren und alten Männern des Volkssturms – derart, dass diese nach kurzer Zeit kampfunfähig war. Am 28. Februar 1944 verließ die Besatzung durch einen Notausstieg den Bunker und brachte sich durch die amerikanischen Linien hindurch in Sicherheit.

Der Westwallbunker „Katzenkopf" zeugt vom Wahnsinn des Zweiten Weltkriegs wie nur wenige Bauwerke in der Eifel. Inzwischen informieren sich jährlich etwa 8000 Besucher über diese Hinterlassenschaft einer Epoche, die nicht nur in der Eifeler Erde ihre Spuren hinterlassen hat, sondern mehr noch in den Köpfen und Herzen der Menschen, die diese Zeit erlebt haben, und ihren Nachfahren.

Info

Lage: Irrel liegt ca. 16 Kilometer südöstlich von Bitburg.

Website: *westwallmuseum-irrel.de*

HINWEISE:

- Im Bunker sind es ganzjährig zwölf Grad. Bitte an warme Kleidung denken.
- Keine Verpflegungsmöglichkeit am Museum, keine Toiletten

Burg Are

Ahreifel

35. Eine Stadt unter der Erde: der Regierungsbunker im Ahrtal
36. Höhenluft schnuppern: Burg Are und Teufelsloch
37. Ursprung der Ahr: Blankenheim
38. Mediterranes Flair: Wacholdergebiet Alendorf
39. Bunte Falter: Eifalia Schmetterlingsgarten

Sinzenich
Euskirchen
Miel
Morenhoven
Euenheim
Kuchenheim
Odendorf
Ramershoven
Villip
Stotzheim
Rheinbach
Meckenheim
61
Kommern
Kreuzweingarten
Kirchheim
Ersdorf
Gelsdorf
Mechernich
Todenfeld
NORDRHEIN-
WESTFALEN
Ringen
Holzheim
1
Bad Münstereifel
257
35
Bad
Neuenahr-
Ahrweiler
Weyer
Hohn
Houverath
36
267
Altenahr
Pesch
Soller
Lind
Frohngau
Ahrbrück
Nettersheim
Hönningen
Ahr
Hümmel
37
Schuld
Wershofen
Spessart
Dümpelfeld
Blankenheim
Reetz
Aremberg
257
Kempenich
Hohenleimbach
258
39
Leimbach
Antweiler
Kaltenborn
Hüngersdorf
RHEINLAND-PFALZ
38
Ahrhütte
Langenfeld
Hoffeld
Adenau
Alendorf
Herresbach
Wimbach
Pomster
Wiesbaum
Üxheim
Wiesemscheid
Nürburg
Virneburg
Nohn
Müllenbach
Nachtsheim
Lissendorf
Boos
Bodenbach
Weiler
Berndorf
Kelberg
Bermel
Hillesheim
Bongard
Walsdorf
Dreis
Boxberg
Mosbruch
Uersfeld
Müllenborn
Masburg
Laubach
Pelm
Waldkönigen
48
Gerolstein
Rengen
1
Darscheid
Ulmen
0
10 km
Daun
Mehren
Auderath
Büchel

35 Eine Stadt unter der Erde

DER REGIERUNGSBUNKER IM AHRTAL

Der ehemalige Regierungsbunker bei Ahrweiler war das wohl spektakulärste Bauwerk Deutschlands. Ein 17 Kilometer langes Stollensystem sollte im Fall eines Kriegs zwischen der NATO und dem Warschauer Pakt Vertreter der obersten Bundesbehörden aufnehmen.

Fast alles von dieser gigantischen Stadt unter der Erde ist inzwischen rückgebaut worden. Das Dokumentationszentrum Regierungsbunker vermittelt auf verbliebenen 200 Meter Stollenlänge einen Eindruck, wie es in der streng geheimen Anlage ausgesehen hat. Selbst dieser kleine Rest hat es noch in sich und hinterlässt bei den Besuchern einen zwiespältigen Eindruck.

Kommunikationszentrale

Die offizielle Bezeichnung der Anlage lautete „Ausweichsitz der Verfassungsorgane des Bundes" (AdVB). 25 Kilometer südlich der alten Bundeshauptstadt Bonn gelegen, war hier alles vorbereitet, um 3000 Politiker und Beamte aufzunehmen, die in einem Krieg als unverzichtbar galten. Sie hätten versucht, etwa hundert Meter unter der Erde die Bundesrepublik weiterzuregieren. Der Bundespräsident wäre hier untergekommen, der Bundeskanzler, Minister, Richter des Bundesverfassungsgerichts, die Spitze der Bundesbank und der jeweils dazugehörige Tross. Wohlgemerkt: nur die Funktionsträger selbst, nicht ihre Familien. Für diese 3000 Auserwählten war alles vorbereitet, um 30 Tage unter den Bedingungen eines Atomkriegs in der Anlage zu überleben. Tag 31 war in den damaligen Szenarien nicht vorgesehen. Vermutlich wären sie dann an die Erdoberfläche gekommen, in ein verwüstetes Deutschland im atomaren Winter, und hätten nach ihren Angehörigen gesucht.

Die anderthalbstündigen Führungen, auf denen fachkundige Bunkerführer des Heimatvereins Alt-Ahrweiler seit 2008 Gästen die Dokumentationsstätte näher bringen, vermitteln einen beklemmenden Eindruck von der Anlage und von dem Leben, wie es sich die Planer für die 30-tägige Aufenthaltsdauer vorgestellt hatten. Da sind die tonnenschweren Tore aus speziellem Beton, die die Stollen luftdicht verschlossen hätten. Da sind die Dekontaminationsräume, in denen Menschen, die aus der atomar verseuchten Umgebung in den Bunker gekommen wären, zehn Minuten eiskalt hätten duschen müssen, um die nuklearen Partikel abzuwaschen. Eiskalt deshalb, damit sich die Poren der Haut schließen und die Partikel dann nicht in den Körper gelangen. Es werden Schlafräume mit jeweils zwei Doppelstockbetten, einem Tisch und einem Stuhl gezeigt. 936 dieser Schlafräume gab es in der Anlage. In 897 Büros und Konferenzräumen wäre rund um die Uhr gearbeitet worden. Zu sehen ist einer von ehemals vier Sanitätsbereichen, in denen auch kleinere Operationen – auch Zahnbehandlungen – durchgeführt werden konnten. Ein Friseursalon erinnert daran, dass der Bundespräsident vor einer Fernsehansprache rasiert und frisiert worden wäre.

Sitzgruppe für den Bundespräsidenten

Belüftungsanlagen, Luftfilter, ein Zentrallager für jedes nur denkbare Ersatzteil, eine Kommunikationszentrale, ein Fernsehstudio sind entweder im Original oder nachgestellt zu sehen. Die Schlafräume des Bundespräsidenten und des Bundeskanzlers sind nachgebaut. Anderes wurde in großformatigen Fotografien festgehalten, die hier – am authentischen Ort – das veranschaulichen, was heute nicht mehr zu sehen ist, beispielsweise der Plenarsaal, den es für einen Rumpf-Bundestag auch gab.

Mit dem Ende des Kalten Kriegs und dem Umzug der Bundesregierung nach Berlin wurde der Regierungsbunker überflüssig. Für mehr als 16 Millionen Euro baute man die Anlage zwischen 2001 und 2006 zurück. Übrig geblieben sind hinter der Dokumentationsstätte die nackten Stollen. Auch in diesen können Besucher einen Blick werfen. Dass ein gemeinnütziger Verein, der Heimatverein Alt-Ahrweiler, eine Liegenschaft des Bundes betreibt – und dann auch noch eine von solcher Wucht –, ist in dieser Form einmalig. Der Regierungsbunker ist ein Reiseziel ersten Ranges in der Eifel und ein Ort der Zeitgeschichte, der seinesgleichen sucht.

Info

Lage: Die Dokumentationsstätte Regierungsbunker bei Bad Neuenahr-Ahrweiler liegt etwa 25 Kilometer südlich von Bonn.

Adresse: Am Silberberg, 53474 Bad Neuenahr-Ahrweiler

Website: *regbu.de*

Aktivitäten:

- Museum Roemervilla: in unmittelbarer Nähe des Bunkers. Bei Ausschachtungsarbeiten für eine Straßenerweiterung 1980 kamen die Reste eines römischen Gutshofes aus dem 2./3. Jahrhundert ans Licht. Die sehr gut erhaltenen Mauern mit ihren farbigen Wandmalereien zeigten schnell, dass es sich um einen wahren Sensationsfund handelt, der nördlich der Alpen seinesgleichen sucht. Zehn Jahre dauerten die Ausgrabungen durch Koblenzer Landesarchäologen. Neben den Wandmalereien wurden eine Küche, eine Badeanlage sowie komplett erhaltene Fußbodenheizungen entdeckt. Unzählige Alltagsgegenstände wie Tafelgeschirr, Haarnadeln und antikes Fensterglas wurden gefunden; Silberberg 1, 53474 Bad Neuenahr-Ahrweiler, *bad-neuenahr-ahrweiler.de/roemervilla-ahrweiler*

HINWEIS: Im Bunker sind es gleichmäßig zwölf Grad. Bitte an warme Kleidung denken.

36 Höhenluft schnuppern

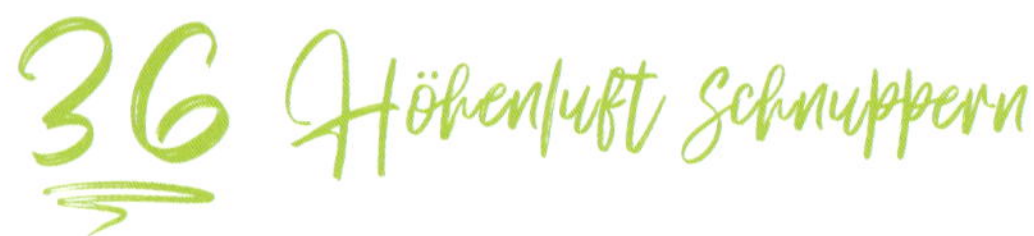

BURG ARE UND TEUFELSLOCH

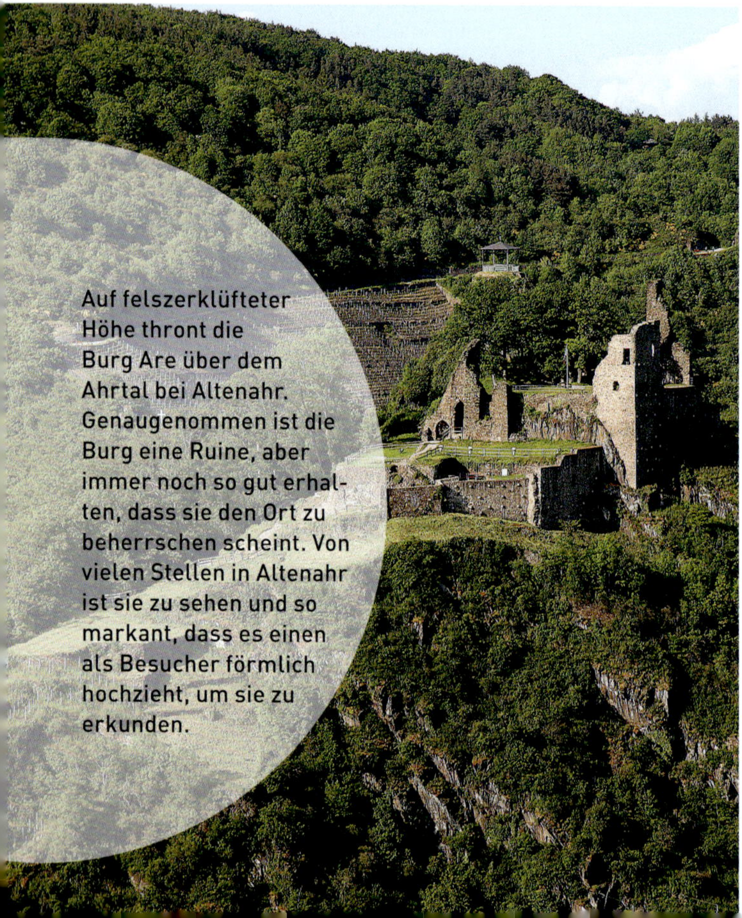

Auf felszerklüfteter Höhe thront die Burg Are über dem Ahrtal bei Altenahr. Genaugenommen ist die Burg eine Ruine, aber immer noch so gut erhalten, dass sie den Ort zu beherrschen scheint. Von vielen Stellen in Altenahr ist sie zu sehen und so markant, dass es einen als Besucher förmlich hochzieht, um sie zu erkunden.

Die Burg war der Stammsitz der Grafen zu Are und wurde in der ersten Hälfte des 12. Jahrhunderts von Theoderich von Are errichtet. Es muss ein mächtiges Bauwerk gewesen sein, denn im Gegensatz zu manch anderen Wehrbauten in der Eifel hielt Burg Are 1690 neun Monate lang den anrennenden französischen Truppen stand, ehe sie eingenommen und zerstört wurde. In den Ruinen nisteten sich später kurkölnische Truppen ein, die die Gegend unsicher machten. Deswegen wurde das, was nach der Franzosenzeit übriggeblieben war, 1714 gesprengt.

Kunsthistoriker sind bis heute entzückt von der einstigen Burgkapelle. Obwohl auf kleinstem Raum angelegt, handelte es sich hier um einen dreischiffigen Kirchenraum, was für Burgkapellen ausgesprochen untypisch war. Mehr noch – sie war als Doppelkapelle angelegt: im unteren Geschoss versammelte sich das gewöhnliche Volk, vom Obergeschoss aus verfolgten Adel und Honoratioren die Heilige Messe. Für geschätzt neun Millionen Euro wurden die Reste der Burg gesichert und der Nachwelt erhalten.

Ehemalige Burgkapelle

Hoch über dem Ahrtal

Gut erhaltene Baureste

Burg Are bietet einen grandiosen Ausblick über das Ahrtal. Die Folgen des Jahrhundert-Hochwassers im Juli 2021 werden hier sicher noch einige Zeit zu sehen sein. Wer auf die andere Seite des Tals in Richtung Ahrgebirge schaut, sieht im Gipfelbereich des gegenüberliegenden Bergs ein eigenartiges Loch, das von hier aus kreisrund aussieht. Das ist das Teufelsloch, 2,5 Meter mal 1,8 Meter groß, ein ebenso beliebtes Wanderziel wie attraktives Fotomotiv und eine prominente Sehenswürdigkeit an der Ahr.

Um das Loch rankt sich so mancher Mythos. Der Legende nach suchte einst der Teufel das Ahrtal auf und fand an Land und Leuten, vor allem aber am vorzüglichen Rotwein derart Gefallen, dass er gar nicht mehr nach Hause zurückkehren wollte. Da näherte sich ihm eines Tages, als er sich ausruhte, seine Großmutter in der Gestalt einer schönen Jungfrau. In den Armen des verliebten Teufels verwandelte sie sich schnell in die ihm nur allzu gut bekannte, widerspenstige

Teufelsloch

Alte zurück. Erbost packte er die Großmutter und schleuderte sie durch die Felswand hinunter in die Hölle. So soll das Teufelsloch entstanden sein.

Seine wahre Geschichte ist profaner: Das ursprüngliche Loch lag etwa 30 Meter weiter südlicher und ist auf natürliche Weise durch geologische Erosionsprozesse entstanden. In den 1930er-Jahren stürzte die Felsformation in Folge eines Erdbebens ein. Doch Altenahr ohne Teufelsloch? Das konnte nicht sein. Weil schon Reiseführer Mitte des 19. Jahrhunderts das Loch als ikonisches Wahrzeichen der Region beschrieben hatten, entschloss man sich nach dem Erdbeben ein neues Loch in den Fels zu sprengen. Und das ist immer noch weithin sichtbar.

Info

Lage: Altenahr liegt etwa 35 Kilometer südlich von Bonn.

Websites:

- *altenahr.de*
- *ahrtal.de*

HINWEISE:

- Der Aufstieg zur Burg Are beginnt in Altenahr an der Straße Roßberg, Hausnummer 56.
- Das letzte Stück des Aufstiegs zum Teufelsloch wurde 2017 durch ein Stahlseil gesichert, das ein Experte des Deutschen Alpenvereins mit Unterstützung der Ortsgemeinde Altenahr angebracht hat.

37 Ursprung der Ahr

BLANKENHEIM

Nicht jeder Fluss kann von sich behaupten, dass er im Keller eines Hauses aus dem Jahr 1726 entspringt. Bei der Ahr ist das der Fall.

Fast jeder Blankenheim-Besucher erweist dem Flüsschen seine Reverenz und begibt sich zum Quellhaus, wo die Ahr aus einem viereckigen Bassin hervorquillt und dann in einem steinernen Kanal, vorbei an einer Steinfigur des Heiligen Nepomuk, ihren 85 Kilometer langen Weg bis zur Mündung in den Rhein bei Sinzig beginnt. So eingefasst die Quelle der Ahr ist, so natürlich ist ihre Mündung. Das Mündungsgebiet gilt als das einzig verbliebene naturbelassene beziehungsweise renaturierte Mündungsgebiet eines Nebenflusses des Rheins.

Quellhaus der Ahr

Pro Minute treten aus dem historischen Quellhaus in Blankenheim etwa 700 Liter Wasser diese Reise an, das entspricht etwa vier Badewannen. Erst sammelt es sich noch einmal im Schwanenweiher unterhalb der Ortsmitte, ehe es dann durch das Ahrtal weitergeht. Der Name der Ahr ist übrigens keltischen Ursprungs; das keltische aha bedeutet nichts anderes als – Wasser.

Der Platz der Ahrquelle ist nicht nur wegen des plätschernden Nass schön, sondern auch wegen der Fachwerkhäuser, die mit der Pfarrkirche St. Mariä Himmelfahrt und der darüber liegenden Burg ein eindrucksvolles städtebauliches Ensemble bieten. In den Gassen des historischen Ortskerns finden sich kleine Cafés und schnuckelige Lädchen. Der Hirtenturm und

Fachwerkhäuser in Blankenheim

das Georgstor sind Überreste der Stadtbefestigung. Die über allem thronende Burg war bis 1794 Sitz der Grafen von Blankenheim. Teile wurden in den 1990er-Jahren als Jugendherberge wiederaufgebaut. Der Blick auf die Stadt von hier lohnt den Aufstieg.

Burg und Stadt

Info

Lage: Blankenheim liegt etwa 50 Kilometer südwestlich von Bonn.

Website: *blankenheim.de*

Aktivitäten:

- Eifelsteig: sechste Etappe von Kloster Steinfeld bis Blankenheim, siebte Etappe von Blankenheim nach Mirbach; *eifelsteig.de/a-eifelsteig-etappe-6* und *eifelsteig.de/a-eifelsteig-etappe-7*
- Das Eifelmuseum mit zugehörigem Gildehaus zeigt die Geschichte der Region, sowie wechselnde Ausstellungen. Das Gildehaus beheimatet Ausstellungen zu den Grafen und Römern in Blankenheim. Im Eifelmuseum selbst befindet sich die Tourist-Information, Ahrstraße 55-57, 53945 Blankenheim, *blankenheim.de/de/freizeit/kultur/museen/das-eifelmuseum*
- Der Tiergartentunnel ist ein 1468/69 angelegter, etwa 150 Meter langer Tunnel durch den gleichnamigen Höhenrücken oberhalb von Blankenheim. Ihn durchfloss das Wasser der Quelle „In der Rhenn" bis zur Burg. Auf dem 21 Kilometer langen Tiergartentunnel-Wanderweg kann man sich an 18 thematischen Stationen zum Thema Wasser und Wasserversorgung im Urfttal bei Blankenheim informieren. *tiergartentunnel.de/6.tiergartentunnel.html*

38 Mediterranes Flair

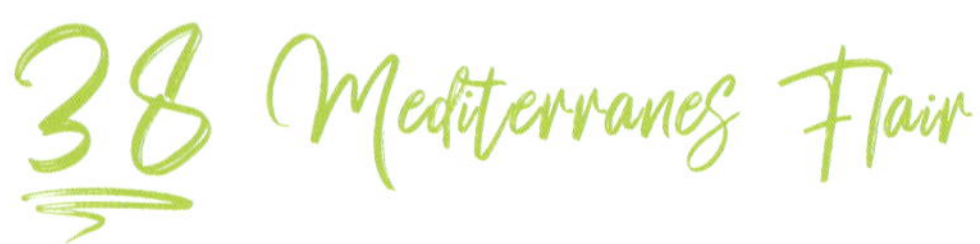

WACHOLDERGEBIET ALENDORF

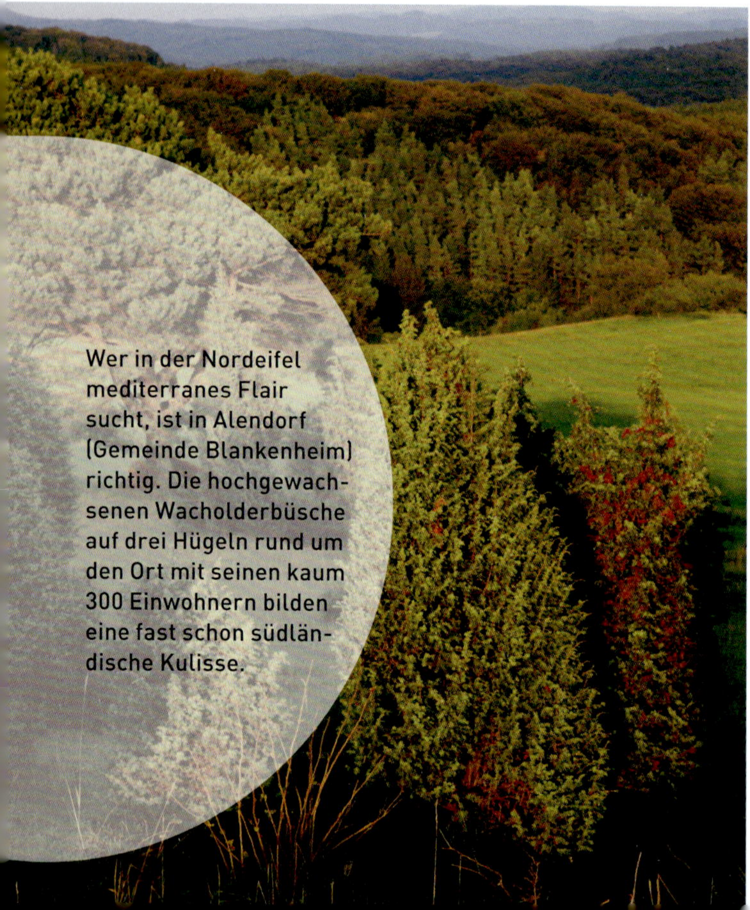

Wer in der Nordeifel mediterranes Flair sucht, ist in Alendorf (Gemeinde Blankenheim) richtig. Die hochgewachsenen Wacholderbüsche auf drei Hügeln rund um den Ort mit seinen kaum 300 Einwohnern bilden eine fast schon südländische Kulisse.

Auf dem Kalvarienberg

Nicht umsonst führt hier ein Wanderweg entlang, der sich „Toskana der Eifel" nennt. Der Kalvarienberg hoch über Alendorf ist mit seinen 523 Metern buchstäblich der Höhepunkt des knapp 16 Kilometer langen Rundwanderwegs. Von hier aus ist an schönen Tagen die 27 Kilometer entfernte Hohe Acht zu sehen, der höchste Berg der Eifel, sowie der 15 Kilometer entfernte Aremberg. Die Bezeichnung Kalvarienberg leitet sich übrigens von der Hinrichtungsstätte Jesu (Golgatha = Schädelstelle, lateinisch calvaria = Schädel) ab. Der Kalvarienberg und seine Umgebung stellt eine Landschaft dar, wie sie früher als typisch für die Eifel galt.

Die Halbtrockenrasen dieser Kalkmulde mit den markanten Wacholderbüschen, den „Zypressen des Nordens", sind nämlich ein Relikt der früheren Landnutzung. Der Wacholder gehörte im Mittelalter zu den wichtigsten Heilpflanzen. Die Eisenerzverhüttung in der Eifel, beginnend im Mittelalter, wurde dann aber vor allem zwischen dem 17. und dem 19. Jahrhundert massiv betrieben und hat zu einer kaum vorstellbaren Waldverwüstung geführt. Die letzte Eisenhütte in der Eifel, im benachbarten Jünkerath, schloss erst 1896. Die Hütten benötigten ungeheure Mengen an Holzkohle. Eine einzige Eisenhütte verbrauchte pro Jahr (!) durchaus rund 500 Hektar Wald. Zurück blieben karge Flächen, die sich der Wald erst viel später zurückholte oder die systematisch – im 19. Jahrhundert vor allem von den Preußen mit dem heutigen Problembaum, der Fichte, – aufgeforstet wurden.

Die wenigen Flächen, die nicht wieder von Wald bedeckt wurden, sind heute extrem wertvolle Biotope, auf denen sich ein großer Artenreichtum findet. Zu ihnen gehört auch das Alendorfer

Naturnaher Magerrasen

Wacholdergebiet, das ein Hotspot des Naturschutzes geworden ist. Auf kleinstem Raum zeigen sich hier auf dem nährstoffarmen Untergrund Kleines Knabenkraut, Küchenschelle, Gemeine Kugelblume, Mücken-Händelwurz, Enzian und insbesondere auch 31 Orchideenarten. Vor allem die Ragwurz-Arten der Orchideen sind auf den Kalkhalbtrockenrasen in der Eifel zu finden. Sie fallen durch ihre intensiven Farben und bizarren Blütenformen auf, die dem Aussehen von Insekten ähneln, und haben auch auf den Kalkböden bei Alendorf ideale Bedingungen. Orchideen sind vom Aussterben bedroht – umso wertvoller sind Standorte wie die Alendorfer Wacholderheide. Sie ziehen Orchideenfreunde von nah und fern an. Im Sommer lassen sich Schmetterlinge wie der Kaisermantel und der Waldteufel beobachten. Eine extensive Schafhaltung sorgt dafür, dass die wertvollen Magerrasen offengehalten werden und so auch in Zukunft einer Vielzahl von Pflanzen und Tieren Lebensmöglichkeiten bieten.

Orchidee

Info

Lage: Alendorf liegt rund zehn Kilometer südlich von Blankenheim und etwa 60 Kilometer südlich von Bonn.

Websites:

- *blankenheim.de/de/leben/dorfleben/orte/alendorf*
- *eifel.info/a-eifel-blick-kalvarienberg*

Aktivitäten:

- Die denkmalgeschützte Agathakapelle aus dem Jahr 1494 war bis 1929 die Pfarrkirche von Alendorf. Heute dient sie als Friedhofskapelle. Die 1827 um das Gebäude als Windschutz gepflanzten Buchen stehen noch heute. Eine Besonderheit ist der fensterlose Turm. Eine der vier Glocken wurde 1943 zu Kriegszwecken entfernt. Nach dem Krieg sammelten die Alendorfer trotz eines Verbots der amerikanischen Besatzungsmacht Granathülsen, um sie gegen Glockenbronze zu tauschen. Seit 1963 hängt eine neue Glocke im Turm. Im Chor finden sich dekorative Gewölbemalereien.
- An der Kirche beginnt der 517 Meter lange Kreuzweg aus dem 17. Jahrhundert, mit sechs Stationen, der auf den Kalvarienberg mit seinem Schlusskreuz führt. Ursprünglich stand an der Stelle des Schlusskreuzes eine Kapelle. In der Karwoche vor Ostern findet hier eine traditionelle Prozession statt, zu der mehrere Hundert Pilger aus dem ganzen Rheinland kommen.
- Am zweiten Wochenende im August findet in Alendorf das Wacholderfest statt, bei dem Wacholderschnaps und Eifel-Gin angeboten werden. *wacholderfest.de*

Einkehr:

- Café Stübchen: Quellenstraße 18, 53945 Blankenheim-Alendorf, *cafestuebchen.business.site*

39 Bunte Falter

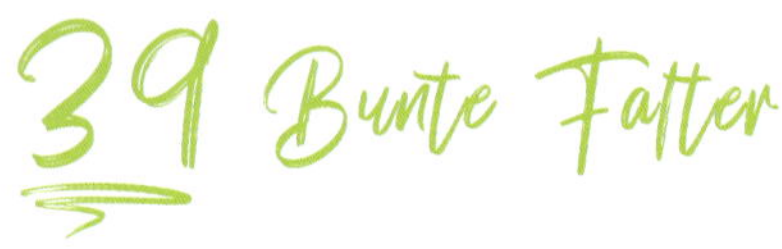

EIFALIA SCHMETTERLINGSGARTEN

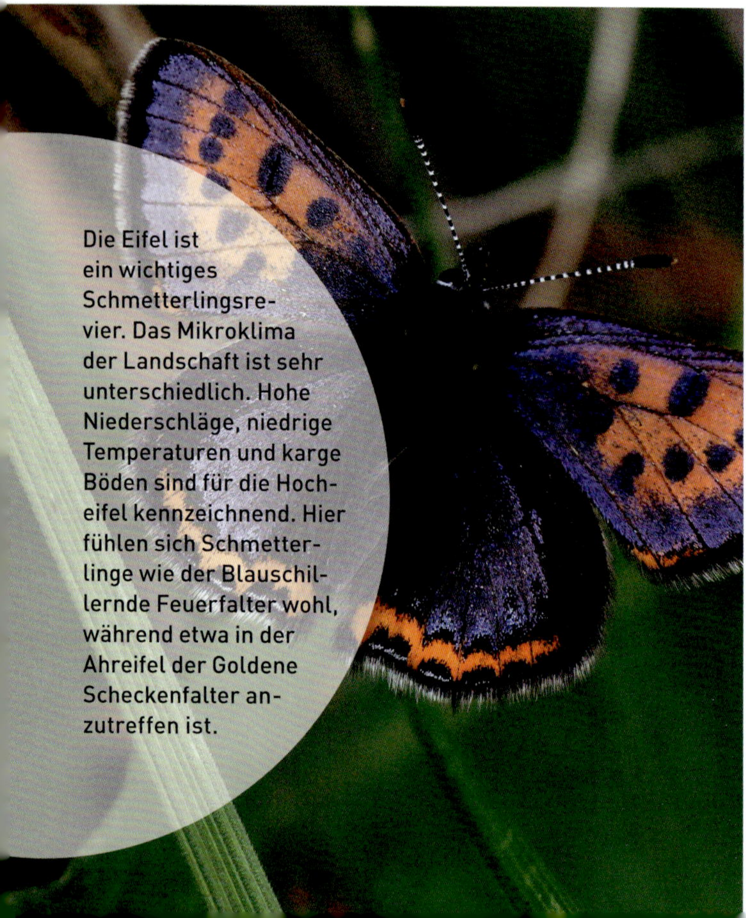

Die Eifel ist ein wichtiges Schmetterlingsrevier. Das Mikroklima der Landschaft ist sehr unterschiedlich. Hohe Niederschläge, niedrige Temperaturen und karge Böden sind für die Hocheifel kennzeichnend. Hier fühlen sich Schmetterlinge wie der Blauschillernde Feuerfalter wohl, während etwa in der Ahreifel der Goldene Scheckenfalter anzutreffen ist.

Im Reich der bunten Falter

Tropische Falterarten gibt es auch, aber natürlich nur in einer künstlich geschaffenen Umgebung. 2016 wurde der erste Schmetterlingsgarten in der Eifel eröffnet. 35 tropische Schmetterlingsarten haben in einer Halle in Ahrhütte in feuchtwarmer Umgebung eine Heimat gefunden: Blaue Morphofalter aus Costa Rica zum Beispiel, asiatische Papilio, kanarische Monarchfalter und viele mehr. Die Umgebung ist einer tropischen Landschaft nachempfunden. Auch exotische Vögel und Schildkröten sind zu sehen. Es empfiehlt sich, vor dem Besuch den Mantel auszuziehen, denn in der Halle ist es warm. Auch dem Eifalia Schmetterlingsgarten hatte

Gefiederter Exot

Schmetterlingspuppen

Rundweg durchs Tropenhaus

das Ahrhochwasser im Juli 2021 zugesetzt. Eine Markierung im Kassenbereich zeigt, wie hoch damals das Wasser stand.

Die Besucher bekommen an der Kasse eine Kunstblume in die Hand, deren Blüte mit Nektar bestrichen wird. Wegen dieses Leckerli setzen sich die Schmetterlinge gerne auf die Blumen (oder manchmal auch auf Hand, Schulter oder Kopf der Besucher) und lassen sich aus nächster Nähe bestaunen. Für Erwachsene und Kinder ist das ein Erlebnis. Wo kommt man diesen prachtvollen Schmetterlingen schon einmal so nahe?

Außengelände

Der Rundgang durch die Tropenhalle ist barrierefrei. Etliche Bänke bieten Sitzgelegenheiten, sodass sich das Treiben der Tiere entspannt beobachten lässt. Im Sommerhalbjahr ist die Außenanlage, ein botanischer Garten, geöffnet, in der man sich über die heimische Schmetterlingsfauna informieren kann. Und mit etwas Glück bekommt man dann einen freilebenden Blauschillernden Feuerfalter zu Gesicht.

Info

Lage: Der Eifalia Schmetterlingsgarten in Ahrhütte liegt zwischen Blankenheim und Hillesheim, etwa 55 Kilometer südwestlich von Bonn.

Adresse: Am Hammerwerk 2, 53945 Ahrhütte

Website: *eifalia-schmetterlingsgarten.de*

Narzissenblüte

Nordeifel

40. Puppenstube an der Rur: Monschau
41. Alles auf Gelb: Narzissenwiesen im Perlbachtal
42. Lebendige Geschichte: Freilichtmuseum Kommern
43. Wildes Belgien: das Hohe Venn
44. Aus grauer Vorzeit: Kakushöhle bei Mechernich
45. Heimat von Wildkatzen und Schwarzstörchen: Nationalpark Eifel
46. Hinterlassenschaft des Rassenwahns: Vogelsang IP
47. Stehengebliebene Zeit: Kronenburg
48. Gefiederte Stars: Greifvogelstation und Wildfreigehege Hellenthal
49. Tief unter der Erde: Besucherbergwerk Grube Wohlfahrt
50. Kraftort und Wallfahrtsstätte: Kloster Steinfeld

Würselen
44
Eschweiler
Langerwehe
Birkesdorf
Nörvenich
Gürzenich
Düren
Aachen
Stolberg
Krewinkel
Lendersdorf
Kelz
4
Gey
Vicht
Großhau
Kreuzau
Vettweiß
Lichtenbusch
Zweifall
Schlagstein
NORDRHEIN-
WESTFALEN
DEUTSCHLAND
Rott
Nideggen
Raeren
Vossenack
Muldenau
Zülpich
Schmidt
Blens
Sinzenich
Roetgen
42
Heimbach
Rursee
Strauch
Rurberg
Hergarten
Kommern
46
Simmerath
45
Wolfgarten
Mechernich
40
Imgenbroich
Urftsee
Hammer
Kalenberg
44
Nierfeld
Nationalpark Eifel
43
Monschau
41
Kall
Wintzen
Weyer
50
48
Küchelscheid
Schöneseiffen
Schleiden
1
Hohes Venn
Rinnen
Frohngau
Sistig
Blumenthal
Nettersheim
BELGIEN
Oberreifferscheid
49
Sieberath
Urft
Krinkelt
Kamberg
Blankenheim
Bütgenbach
Waimes
Reetz
Büllingen
Schmidtheim
47
Dahlem
Waldorf
Möderscheid
Frauenkron
Amel
Holzheim
Hallschlag
Kyll
Wiesbaum
Amel
Kehr
Our
Medell
Herresbach
Lissendorf
Schönfeld
Kerpen
Emmels
Auw bei Prüm
Reuth
Steffeln
Hillesheim
Atzerath
Olzheim
Walsdorf
Sankt Vith
Oberlascheid
RHEINLAND PFALZ
Mützenich
Müllenborn
Gondenbrett
Weinsheim
Gerolstein
0
10 km
Büdesheim

40 Puppenstube an der Rur

MONSCHAU

Ein Besuch in Monschau ist wie eine Reise in die Vergangenheit und lohnt sich zu jeder Jahreszeit – ob im Sommer am Markt bei einem mit Sahne oder Eis gefüllten Monschauer Dütchen oder im Advent beim Glühwein auf einem Weihnachtsmarkt, wie er romantischer kaum sein kann. Monschau hat den Charakter einer Puppenstube.

Im Tal der Rur

In dem schluchtartigen Tal der Rur reiht sich ein denkmalgeschütztes Fachwerkhaus ans nächste. 330 sollen es sein. Der Blick auf die überkragenden Häuser am Ufer des Flüsschens ist einer der typischen Ansichten der Eifel. Irgendwie hat man immer das Gefühl, in einem Märchen zu sein. Nicht einmal die dazugehörige Burg fehlt!

Die Herzöge von Limburg haben sie im 13. Jahrhundert zur Kontrolle der Flusspassage erbaut, danach wurde sie beständig erweitert. Das im Schatten der Burg entstandene Dorf kam 1433 ans Herzogtum Jülich und wurde protestantisch. Diesem Umstand verdankt es seinen Aufstieg, denn protestantische Tuchmacher, die aus dem katholischen Aachen vertrieben wurden, siedelten sich hier an und machten die Stadt zu einem Zentrum der europäischen Tuchmacherindustrie. Sie fanden hier alles, was man zur Herstellung bester Tuchwaren brauchte: Wolle von den Schafen des benachbarten Venn, weiches Wasser aus den dortigen Mooren, Befreiung vom Zunftzwang, ausreichend Arbeitskräfte und eine modern eingestellte Landesherrschaft, die Unternehmertum förderte.

Der alles überragende Unternehmer in Monschau war Johann Heinrich Scheibler, der als 15-Jähriger in das Städtchen kam, mit 18 die Witwe seines verstorbenen Lehrmeisters heiratete und nach 1730 etwas Neues wagte, indem er feine Merinowolle aus Spanien ankaufte und sie mit selbst erfundenen Verfahren so verarbeitete, dass sie konkurrenzfähig gegenüber den etablierten Tuchen aus England oder Frankreich war. Scheibler wurde reich und baute 1760 mitten in Monschau einen prachtvollen Palast, der wohl manch Adligen seiner Zeit blass vor Neid werden ließ.

Dieses sogenannte Rote Haus ist heute ein bedeutendes Zeugnis bürgerlicher Lebens- und Wohnkultur im 18. Jahrhundert und gibt

Einblicke in das handwerkliche Können sowie die Produkte der Wolltuchmanufakturen jener Zeit – ein Muss für jeden Monschau-Besucher. Besonders sehenswert: das Herrenzimmer gleich links hinter dem Eingang. Es diente dem Hausherrn als Arbeitszimmer. Nach dem Essen zogen sich die Männer hierher zurück, um zu rauchen und ein Gläschen (oder mehr?) zu trinken. Der Raum erweckt den Eindruck einer Gemäldegalerie, doch das ist eine Illusion. Die 73 Bilder in dem Raum sind auf die Leinwandtapete aufgemalt und somit Kopien von Gemälden unter anderem von Tizian, Rembrandt und van Ruisdael. Wer weiß, vielleicht hat das Vermögen Scheiblers für die Originale doch nicht ganz gereicht.

Das Rote Haus

Die lutherische Kirche unweit des Roten Hauses ist im eleganten Stile Louis XVI. ausgestattet. Es gibt hierzulande kaum mehr Bauwerke, die diesen Stil im Original zeigen. Sie stellt damit ein Bauwerk von nationaler Bedeutung dar – so jedenfalls hat es 2012 der Deutsche Bundestag entschieden. Sie wird nicht wie üblich von einem Hahn bekrönt, sondern von einem goldenen Schwan. Er geht auf den tschechischen Reformator Jan Hus zurück. Auf dem Scheiterhaufen soll Hus gesagt haben: „Heute bratet Ihr eine Gans (Hus heißt auf deutsch Gans), aber aus der Asche wird ein Schwan entstehen." Dies wurde später auf Luther gedeutet, der deshalb oft mit einem Schwan dargestellt wird.

Evangelische Kirche

Monschau geht auch durch den Magen. Die „Monschauer Vennbrocken" sehen aus wie gestochenes Torf aus dem Venn, sind aber ein handgemachtes Praliné. Empfehlenswert auch die Monschauer Printen in unterschiedlichen Geschmacksrichtungen.

Der Els ist ein regionaler Kräuterbitter, den es in verschiedenen Ausführungen gibt. Wer es herzhafter mag, ist in der historischen Senfmühle gut aufgehoben. Die Senfsorten reichen vom klassischen Ur-Senf über Chili- bis Johannisbeer-Senf.

Info

Lage: Monschau liegt im äußersten Westen der Eifel nahe der belgischen Grenze, etwa 40 Kilometer südwestlich von Düren.

Website: *monschau.de*

Aktivitäten:

- Eifelsteig: zweite Etappe von Roetgen nach Monschau, dritte Etappe von Monschau nach Einruhr; *eifelsteig.de/a-eifelsteig-etappe-2* und *eifelsteig.de/a-eifelsteig-etappe-3*

HINWEISE:

- Die historische Altstadt von Monschau inspiriert immer wieder Filmemacher. So wurde hier die ARD-Serie „Eifelpraxis" gedreht. Comedian Luke Mockridge ist Co-Produzent der Netflix-Weihnachtsserie „7 Kilo in 3 Tagen", für die eigens Anfang März 2020 der Weihnachtsmarkt aufgebaut wurde. Im Herbst 2020 standen Dreharbeiten zu dem Justizdrama „Ferdinand von Schirach – Glauben" auf dem Programm. Und sogar auf internationalen Leinwänden ist Monschau zu sehen: 2014 wurde hier für den Actionthriller „Autobahn" gedreht, bei dem mit Anthony Hopkins und Sir Ben Kingsley zwei Oscar-Preisträger mitspielen.
- Monschau lieferte auch den Namen für einen zeitgenössischen Roman: In „Monschau" von Steffen Koptetzky, erschienen 2021, reist der junge Mediziner Nikolaos Spyridakis 1962 als Assistenzarzt in die Eifel, wo eine Pockenepidemie herrscht, und muss mit Widerstand gegen seine Arbeit kämpfen. Die „Welt" nannte den Roman „einfach gute Literatur", die „Süddeutsche Zeitung" sprach von gehobener Unterhaltung im besten Sinne.

41 Alles auf Gelb

NARZISSENWIESEN IM PERLBACHTAL

Jedes Jahr im Frühling ereignet sich in westlichsten Teil der Nordeifel, in den Tälern von Perlbach und Fuhrtsbach südlich von Monschau, ein Naturschauspiel: Sechs Millionen wilde Narzissen sollen es sein, die dann erblühen und die Wiesen entlang der beiden Bäche mit gelben Teppichen verzieren. So etwas gibt es in Deutschland nur in der Eifel und im Hunsrück.

Seit dem 12. Jahrhundert wurden die abgelegenen Bachtäler zur Heugewinnung genutzt. Im Vorfrühling leiteten die Bauern über ein Grabensystem schwebstoffhaltiges Bachwasser auf die nährstoffarmen Böden. Im Sommer mähten sie dann den Aufwuchs aus Gräsern und Kräutern und verfütterten ihn im Winter an ihr Vieh. So entwickelten sich unter dem Einfluss des Berglandklimas narzissenreiche Bärwurzwiesen und Borstgrasrasen. Um 1600 wurden Narzissen neben Tulpen und Hyazinthen wegen ihrer Schönheit zum Renner in der europäischen Gartenkultur. Weil sie zwischen März und Mai blühen, konnte ihnen die Mahd der Wiesen im Juli nichts anhaben – bis dahin hatten sie ihr Fortpflanzungsgeschäft schon erledigt.

Beinahe wäre es ihnen aber auch im Perlbach- und Fuhrtsbachtal grundsätzlich an den Kragen gegangen. Denn in den 1950er-Jahren lohnte sich die Heuernte nicht mehr, viele Talwiesen wurden mit Fichten aufgeforstet, die den Narzissen das Licht nahmen. Andere Wiesen wurden stark gedüngt und intensiv genutzt.

1976 wurden die beiden Täler bei Monschau auf Initiative der Nordrhein-Westfalen-Stiftung unter Naturschutz gestellt, die Fichten entfernt und damit die prachtvollen Blumen gerettet. Landwirte nutzen die Wiesen wieder wie früher – extensiv. Auch Bärwurz, Arnika und Schwarze Teufelskralle siedelten sich wieder an, und mit ihnen kamen Insekten wie der Blauschillernde Feuerfalter, Spinnen wie die Gerandete Jagdspinne und Vögel wie die Wasseramsel.

Frühling im Perlbachtal

Nicht wieder angesiedelt werden konnte trotz Renaturierung der Bäche die Flussperlmuschel, die zwischen dem 17. und dem 19. Jahrhundert sogar Perlenzucht ermöglichte und dem Perlbach seinen Namen gab. Die Wasserqualität des Perlbachs ist zwar gut, aber die Flussperlmuschel gilt auch hier als ausgestorben.

Lage: Perlbach und Fuhrtsbach befinden sich wenige Kilometer südlich von Monschau und etwa 45 Kilometer südwestlich von Düren.

Website: *eifelsteig.de/a-narzissenwiesen-im-perlenbach-und-fuhrtsbachtal*

Aktivitäten:

- Vom Gut Heistert oder der Höfener Mühle sind die Narzissenwiesen am günstigsten zu erreichen. Der „Kleine Narzissenrundweg" von der Höfener Mühle ist fünf Kilometer lang, der „Große Narzissenrundweg" vom Wanderparkplatz Höfen-Hauptstraße 14 Kilometer. Der kleine Rundweg, der am Gut Heistert beginnt, führt über 3,6 Kilometer ins Perlbachtal.

42 Lebendige Geschichte

FREILICHTMUSEUM KOMMERN

79 Gebäude aus der preußischen Rheinprovinz sind hier originalgetreu mitsamt Inventar und Hausrat wiederaufgebaut worden: Bauernhöfe, Scheunen, Werkstätten, Wind- und Wassermühlen, eine Dorfschule, ein Backhaus, ein Tanzsaal, eine Kapelle. Das Rheinische Landesmuseum für Volkskunde in Trägerschaft des Landschaftsverbands Rheinland (LVR) ist mit mehr als 100 Hektar Fläche eines der größten seiner Art in Europa.

Wie haben unsere Vorfahren gelebt? Wie haben sie gearbeitet? Gekocht? Geschlafen? Gefeiert? Im LVR-Freilichtmuseum Kommern wird Alltagsgeschichte aus längst vergessenen Zeiten wieder lebendig – und das höchst anschaulich.

Die Häuser stammen nicht nur aus der Eifel, sondern auch vom Niederrhein, aus dem Bergischen Land und aus dem Westerwald. Sie dokumentieren die bäuerliche Lebensweise in diesen Landstrichen: In jeder Baugruppe, wie die Museumsdörfer genannt werden, geht es munter zu, denn lebendige Geschichtsvermittlung ist das Motto der Einrichtung. Ochsen, Hühner, Kühe, Esel und Ziegen lassen die vermeintlich gute alte Zeit für alle Sinne auferstehen. Hauswirtschafterinnen, Steinmetze, Schmiede, Korbmacher sind zuweilen bei der Arbeit zu beobachten. Das Eifeldorf wartet neben verschiedenen

Ochsenkarren

Bauernhöfen beispielsweise auch mit einer Gerichtssäule, einer Zehntscheune und einer Stellmacher-Werkstatt auf. Alle Häuser haben eine dokumentierte Herkunft und sind mit viel Liebe zum Detail in Kommern wiederaufgebaut worden.

Doch das Museum ist mehr als ein Bauernhaus-Freilichtmuseum. Es dokumentiert Alltagskultur bis in die jüngere Zeit hinein, die für die Älteren noch nicht ganz so weit zurück liegt, für Kinder aber von einem anderen Stern zu sein scheint: eine Telefonzelle, eine städtische Notrufsäule („Eiserner Schutzmann") oder ein Fertighaus aus dem Quelle-Katalog.

Historisches Original

Die Dauerausstellung „Wir Rheinländer" lädt zu einem Streifzug durch fast 250 Jahre rheinische Geschichte ein – von der Französischen Revolution bis

Eifeldorf

zu den Wirtschaftswunderjahren nach Gründung der Bundesrepublik. Sonderausstellungen zu verschiedenen Aspekten des Alltagslebens in der – jüngeren oder ferneren – Vergangenheit ergänzen das Angebot. Zur Osterzeit findet ein „Jahrmarkt anno dazumal" statt, vor Weihnachten gibt es einen historischen Adventsmarkt.

Die Idee, die vergangenen Zeiten bäuerlichen Lebens in die Zukunft zu retten, stammt aus den 1950er-Jahren. Kommern – damals noch selbstständige Gemeinde, heute Teil von Mechernich – setzte sich gegen Duisburg durch und verschaffte der Nordeifel damit einen erstklassigen Besuchermagneten. 1961 wurde das Museum eröffnet. An Wochenenden und Feiertagen empfiehlt es sich, früh zu kommen – die Autoschlange vor dem Großparkplatz und die vor der Kasse sind nicht zu unterschätzen.

Auch eine Windmühle gehört dazu

Info

Lage: Das Freilichtmuseum Kommern liegt rund 40 Kilometer südwestlich von Bonn.

Anschrift: Eickser Straße, 53894 Mechernich-Kommern

Website: *kommern.lvr.de/de/index.html*

Einkehren:

- Gastwirtschaft „Zur Post": in der Baugruppe Westerwald mit Spezialitäten aus der Eifel, dem Westerwald, Bergischen Land und vom Niederrhein. *kommern.lvr.de/de/besuchplanen/gastronomie/gastronomie_1.html*

Aktivitäten:

- Der historische Ortskern von Kommern ist sehenswert. Besucher erwartet das größte geschlossene Fachwerkensemble des Rheinlands, eine Burg aus dem 15. Jahrhundert und eine neugotische Kirche. *mechernich.de/tourismus-freizeit/erlebenswert/historischer-ortskern-kommern*
- Burg Satzvey: Zehn Autominuten östlich des Freilichtmuseums liegt die Burg, die als besterhaltende Wasserburg des Rheinlands gilt – eine Perle des rheinischen Burgenbaus. Die Eigentümerfamilie Beisel von Gymnich hat die Burg zu einer überregional bekannten Event-Location gemacht. Stichworte: Satzveyer Ritterfestspiele und Burgweihnacht; An der Burg 3, 53894 Mechernich-Satzvey, *burgsatzvey.de*
- Bruder-Klaus-Feldkapelle: das Zeugnis moderner Sakralarchitektur befindet sich 13 Kilometer südöstlich des Freilichtmuseums: Die privat finanzierte Kapelle, die 2005 bis 2007 nach Plänen des Architekten Peter Zumthor errichtet wurde, steht auf freiem Feld bei Wachendorf. Zumthor hat unter anderem das Kunstmuseum Kolumba in Köln entworfen. Alles an dieser weithin sichtbaren Kapelle ist ungewöhnlich. Eine zeltförmige Konstruktion aus 112 Fichtenstämmen und Stampfbeton machen den Reiz des Bauwerks aus, das oben offen ist.

43 Wildes Belgien

DAS HOHE VENN

An der Grenze zu Belgien und Luxemburg geht die Eifel nahtlos in die Ardennen über. Ein Ausflug zu den Nachbarn lohnt sich. Die Ardennen sind der westliche Abschluss des Rheinischen Schiefergebirges, am höchsten sind die Ardennen in ihrem östlichen Bereich, einem Hochplateau: dem Hohen Venn.

Wer sich von der Eifelseite in Richtung Ardennen begibt, wird überrascht sein, wie abrupt der Wald aufhört und den Blick freigibt auf ausgedehnte unbewirtschaftete Torfheiden. Moore sind die charakteristische Landschaft des Hohen Venn, sie sind seit 1992 streng geschützt. Insgesamt 4100 Hektar stehen hier unter Schutz – es sind die umfangreichsten Naturschutzflächen in ganz Belgien, und sie sind das Juwel des Deutsch-Belgischen Naturparks Hohes Venn-Eifel. Um reine Naturflächen handelt es sich allerdings meist nicht mehr, eher um vom Menschen geprägte Kulturlandschaften – aber auch die sind ökologisch wertvoll. Von ehemals 1000 Hektar unberührtem Moor sind heute nur noch rund einhundert vom Menschen gänzlich unbeeinflusst. Es sind die letzten echten Wildnis-Areale in Westeuropa – und das, obwohl sie umrahmt sind vom urbanen Viereck Eupen, Monschau, Malmedy und Spa.

Der Boden hier ist nährstoffarm, das Klima trägt subarktische Züge. Die Landschaft wird auf der mehr als 600 Meter hoch gelegenen Flä-

Bohlenweg im Moor

che acht Monate im Jahr vom Winter beherrscht, der manchmal reichlich Schnee bringt. Für Frühling, Sommer und Herbst bleiben gerade einmal vier Monate übrig.

Moore sind extrem effiziente CO_2-Senken. Die Torfmoose nehmen das Kohlendioxid aus der Atmosphäre auf, das nach dem Absterben der Pflanzen im dann entstandenen Torf gebunden bleibt. Die verbliebenen intakten Moore speichern weltweit ungefähr doppelt soviel CO_2 wie alle Wälder auf der Erde zusammengenommen – und das, obwohl sie nur drei Prozent der Landfläche des Planeten bedecken. Diese enorme Speicherleistung können Moore nur erbringen, wenn sie wassergesättigt sind. Trockene Moore sind hingegen genau das Gegenteil: Klimakiller und CO_2-Bomben, die dauerhaft enorme Mengen des Klimagases abgeben, das sie vorher gespeichert haben. Deswegen kämpfen Wissenschaftler und Naturschüt-

Baltia-Hügel

zer global um den Erhalt der Moore beziehungsweise um ihre Wiedervernässung. In Deutschland sind mehr als 95 Prozent der ursprünglich vorhandenen Moore trockengelegt und damit nicht nur ökologisch tot, sondern Anheizer des Klimawandels.

Das Hohe Venn ist in weiten Teilen ein intaktes Moorgebiet, und das macht seinen Reiz aus. Im Frühling überziehen die Blüten von Moosbeere und Rosmarinheide die Torfmoosteppiche mit weißrosa Tupfen. Im Juni bildet die Ährenlilie große Inseln aus leuchtend gelben Blüten. Heiden mit Blau-, Rausch- und Preiselbeersträuchern schließen sich an die Moorflächen an. Hier ist das selten gewordene Birkhuhn zu Hause.

Eine Wanderung durch das Hohe Venn ist eine der schönsten Naturerfahrungen, die man in Mitteleuropa machen kann. Kein Wunder, dass das Gebiet ein Besuchermagnet ist. Seit 1992 gibt es eine gestaffelte Zutrittsregelung für die Naturschutzgebiete des Hohen Venn. Es gibt B-, C- und D-Zonen, in denen unterschiedliche Restriktionen gelten. B-Zonen stehen den Besuchern grundsätzlich tagsüber offen. Für die C-Zone muss man

Die karge Landschaft kann auch bunt sein

sich einem offiziellen Gästeführer anschließen. In den D-Zonen herrscht absolutes Betretungsverbot für die Öffentlichkeit. Es kann vorkommen, dass auch B- und C-Zonen gesperrt werden. Fahrradfahren ist nur noch außerhalb der Naturschutzgebiete in den umliegenden Wäldern auf einem ausgeschilderten Wegenetz möglich.

Info

Lage: Das Hohe Venn liegt zwischen den Städten Eupen, Monschau, Malmedy und Spa.

Website: *naturpark-eifel.de/de/landschaften/hohes-venn*

Aktivitäten:

- Das Naturparkzentrum Haus Ternell an der N67 zwischen Monschau und Eupen bietet ein kleines Museum, einen Kräutergarten, Spielplatz und Seminarräume sowie ein vielfältiges Angebot an Workshops, Wanderungen und Lehrgängen. *ternell.be*
- Ein Muss für jeden Besucher des Hohen Venns ist ein Abstecher zum Signal de Botrange. Es handelt sich mit 694 Meter Höhe um den höchsten Punkt Belgiens. Um noch die 700 Meter zu erreichen, wurde ein Hügel aufgeschüttet, der nach dem belgischen Generalleutnant und Generalgouverneur für die Ostkantone Baron Hermann Baltia benannte Baltia-Hügel. Zwei Dutzend Stufen führen auf eine kleine Plattform – dann hat man ganz Belgien unter sich.
- Mont Rigi: Neben dem gleichnamigen Hotel auf der zweithöchsten Erhebung Belgiens gibt es eine Forschungs- und Beobachtungsstation der Universität Lüttich. Der Mont Rigi ist ein idealer Ausgangspunkt für Wanderungen in die Umgebung.

HINWEIS: Aktuelle Informationen über die Zugangsmöglichkeiten im Hohen Venn und mögliche Sperrung von Zonen erteilt das Naturparkzentrum Botrange. *botrange.be*

44 Aus grauer Vorzeit

KAKUSHÖHLE BEI MECHERNICH

Der Kartstein mit den Kakushöhlen zählt zu den bedeutendsten prähistorischen Fundstätten in Europa und zu den größten offen begehbaren Höhlen der Eifel. Die ältesten menschlichen Spuren dort sind 30.000 Jahre alt.

Der Kartstein besteht aus Kalktuff und Travertin

Aus einer Zeit von mehr als 80.000 Jahren stammen Artefakte, die Neandertaler in den Höhlen beim heutigen Mechernicher Ortsteil Dreimühlen hinterlassen haben. Sie sind im Römisch-Germanischen Museum in Köln, im Hürten-Museum in Bad Münstereifel und im Eifelmuseum in Blankenheim zu sehen. Auch Knochen heute ausgestorbener Tiere wie Höhlenlöwe, Höhlenbär, Wollnashorn, Mammut, Höhlenhyäne und Riesenhirsch wurden dort gefunden.

Man mag sich gut vorstellen, wie die Neandertaler hier um ein Feuer herumsaßen, ihre Jagdbeute verspeist und Waffen und Kleidung hergestellt haben. Später nutzte der moderne Mensch die Höhlen. Die letzten prähistorischen Bewohner waren die Rentierjäger der Ahrensberger Kultur in der Eiszeit vor 12.000 Jahren. Dann kamen Kelten und Römer, die in der Nähe siedelten. Im Zweiten Weltkrieg wurden die Höhlen als Material- und Aktenlager genutzt, da sie einen guten Schutz vor alliierten Luftangriffen boten. Dabei wurde der Höhlenboden eingeebnet. Heute leben vor allem einige geschützte Fledermausarten in den Gewölben, unter anderem das Große Mausohr und die Teichfledermaus. Seit 1932 ist der Kartstein wegen der Höhlen, aber auch wegen der angrenzenden wertvollen Schlucht- und Hangwäldern Naturschutzgebiet; er gehört zum europäischen Schutzgebietssystem Natura 2000.

Wie es bei einem solchen Naturdenkmal nicht anders sein kann, ranken sich auch Legenden um den Kartstein. So wurde die Sage von Herkules und Kakus des römischen Dichters Vergil kurzerhand von Italien in die Eifel verlegt. Der Räuber Kakus gab den Höhlen den Namen. Er soll ein schrecklicher Zeitgenosse gewesen sein, der in den Höhlen hauste und die Bewohner der umliegenden Dörfer in Angst und Schrecken versetzte. Der friedliebende Riese Herkules soll die Menschen vor Kakus gerettet haben, indem er ihn mit dem Schlag eines Felsbrocken ins Jenseits beförderte.

Der Fels des Kartsteins besteht aus Kalktuff und Travertin und ist nicht älter als gut 310.000 Jahre. Das ist nicht viel im Vergleich zu den 400 Millionen Jahren alten Gesteinen in der Umgebung. Der Weyerer Bach hat die Hohlräume aus dem Gestein heraus-

Höhlen mit Tageslicht

gewaschen. Noch heute geht ein eigentümlicher Reiz von diesen Gewölben aus, die durch die großen Öffnungen von Tageslicht erhellt werden und die daher gut zu erkunden sind. Eine der Höhlen wird als Große Kirche bezeichnet; sie ist bis zu 15 Meter hoch, bis zu 30 Meter breit und hat noch einen Nebenraum, die Dunkle

Hier hausten einst Neandertaler

Kammer. Die kleinere, 50 Meter weiter nördlich gelegene Kakushöhle wird auch Kaltes Loch genannt.

Auf verschlungenen Wegen lassen sich das Gelände und die Höhlen erkunden. Mehrere Infotafeln geben Einblicke in die verschiedenen Aspekte der Kakushöhlen.

Info

Lage: Die Kakushöhle liegt etwa fünf Kilometer südlich von Mechernich zwischen Eiserfey und Weyer.

Website: *mechernich.de/tourismus-freizeit/die-kakushoehle*

Einkehren:

- Café Land Genuss: Im Café zur Kakushöhle gibt es Deftiges, Kaffee und Kuchen und regionale Produkte. Mehrmals im Jahre werden Grill-Events veranstaltet. *cafe-land-genuss.de*

45 Heimat von Wildkatzen und Schwarzstörchen

NATIONALPARK EIFEL

So etwas sieht man sonst in Nordrhein-Westfalen nicht: Der erste und bislang einzige Nationalpark im bevölkerungsreichsten Bundesland bietet ausgedehnte Wälder und Offenlandschaften auf dem Weg zurück zur Wildnis. Hier darf Natur Natur sein.

Inmitten des länderübergreifenden Naturparks Hohes Venn/Eifel erstreckt sich der 2004 gegründete Nationalpark auf einer Fläche von 110 Quadratkilometern. Das entspricht 17.000 Fußballfeldern. Er ist damit nicht einmal halb so groß wie der Nationalpark Harz oder der älteste deutsche Nationalpark im Bayerischen Wald. Aber er hat es in sich. Hier leben Wildkatzen und der seltene Schwarzstorch in einem nahezu ungestörten Habitat. Im Frühsommer blühen Ginsterhecken in sattem Gelb. Die auch Eifelgold genannte Pflanze ist eine Charakterart der Eifel. Im Süden des Nationalparks sind diverse Orchideenarten heimisch. Sehen, riechen fühlen – der Nationalpark ist ein Ort, der die Sinne anspricht.

Charakterpflanze der Eifel: Ginster

Im Herzen des Nationalparks bleibt die Natur sich selbst überlassen: Im sogenannten Kermeter bilden die Rotbuchen-Mischwälder die Keimzelle des Urwalds von morgen. Besonders der Hainsimsen- und Waldmeister-Buchenwald hat aufgrund seiner Ausdehnung und Altersstruktur eine deutschlandweite Bedeutung. Die Wälder und die naturnahen Quellen und Bachabschnitte bilden ein Biotopmosaik, das seinesgleichen sucht. Historische

Der Wald bleibt sich selbst überlassen

Blick auf die Urfttalsperre

Köhlerplätze zeugen davon, dass die Eifel ein erstes Industriegebiet mit Eisenerzgewinnung und -verhüttung war – lange bevor es vom Ruhrgebiet abgelöst wurde.

Ein unvergessliches Erlebnis ist die Hirschbrunft, die man vor allem im September und Oktober beobachten kann. Dann ist der Rothirsch auf Brautschau. Sein Röhren schallt kilometerweit über die Landschaft. In der Nähe von Dreiborn gibt es einen Aussichtspunkt; dort ist die Wahrscheinlichkeit groß, die imposanten Geweihträger zu beobachten. Es sind immerhin die größten Wildtiere Deutschlands.

Ein Rudel Rotwild

Info

Lage: Der Nationalpark Eifel liegt rund 50 Kilometer westlich von Bonn.

Website: *nationalpark-eifel.de*

HINWEISE:

- Vier Nationalparktore und das Nationalparkzentrum am Internationalen Platz Vogelsang sind die ersten Anlaufstellen für Besucher, die sich über das Schutzgebiet und seine Angebote informieren möchten. Die Nationalparktore befinden sich in Simmerath-Rurberg, Heimbach, Monschau-Höfen und Nideggen. Jedes dieser Info-Zentrum widmet sich einem anderen Schwerpunkt.
- Geprüfte Natur- und Landschaftspfleger bieten Führungen an. Eine Tour mit dem Nationalpark-Ranger ist immer ein Erlebnis. Auf der Homepage des Nationalparks findet sich ein Veranstaltungskalender, in dem Jung und Alt passende Formate finden, um unter fachkundiger Anleitung den Nationalpark kennenzulernen. Wer lieber auf eigene Faust losziehen möchte, dem steht ein 240 Kilometer langes Wegenetz zur Verfügung. Bitte dabei die besonderen Verhaltensregeln zum Schutz der empfindlichen Natur beachten!
- Reizvoll ist der Nationalpark nicht nur am Tage, sondern auch bei Nacht. Dort ist die Lichtverschmutzung gering. „Licht aus, Himmel an", lautet das Motto. Denn in dieser besonderen Dunkelheit ist eine gute Beobachtung des Sternenhimmels in wolkenfreien Nächten möglich. So kann man beispielsweise die Milchstraße mit bloßem Auge erkennen. Die Astronomie-Werkstatt „Sterne ohne Grenzen" am Internationalen Platz Vogelsang bietet regelmäßig Sternenwanderungen und die Beobachtung interessanter Himmelskörper an. *sternenpark-nationalpark-eifel.de*

46 Hinterlassenschaft des Rassenwahns

VOGELSANG IP

Eine Sonderstellung unter den vielen Burgen in der Eifel nimmt die ehemalige NS-Ordensburg Vogelsang ein. Die Anlage ist eine der Hinterlassenschaften des Nationalsozialismus in der Eifel und eines der größten noch existierenden NS-Gebäude in Deutschland – Symbol der Menschenverachtung des Dritten Reichs.

Die ehemalige NS-Ordensburg Vogelsang

In dieser Schulungsstätte wurde die nationalsozialistische Elite ausgebildet. Seit 2006 trägt die Burg den Zusatz „IP", was „Internationaler Platz" bedeutet und für internationale Verantwortung und Begegnung steht. Offenheit und Wertschätzung sind heute die Werte, die diesen Ort prägen.

In ihren Ausmaßen ist die NS-Ordensburg mit dem Reichsparteitagsgelände in Nürnberg oder dem Seebad Prora auf Rügen vergleichbar. Gewaltige 100 Hektar Fläche umfasst das Gelände auf einem Höhenrücken oberhalb des Urftsees, eingebettet in die entstehende Wildnis des Nationalparks Eifel. Obwohl nie fertiggestellt, ist die Anlage ebenso wie die NS-Ordensburgen Krössinsee im heutigen Złocieniec in Polen und Sonthofen in Bayern ein politisches Bauwerk, das den Machtanspruch der Nationalsozialisten über Mensch und Natur ausdrücken sollte – ein verstörendes Denkmal, in dem heute von NS-Aktivisten, Mitläufern und Tätern erzählt wird.

Ein Besuch von Vogelsang IP lohnt sich gleich in mehrfacher Hinsicht: Das Gelände ist Erinnerungs- und Lernort, Ausstellungs- und Bildungszentrum sowie Tagungsstätte. Erst seit dem 1. Januar 2006 ist es frei zugänglich, denn nach dem Zweiten Weltkrieg war es als „Camp Vogelsang" zunächst von der britischen, dann von der belgischen Armee als Übungsplatz genutzt worden. 2005

Modernes Besucherzentrum

gaben die Belgier das Gelände auf. An diese Zeit erinnert die nahe gelegene Wüstung Wollseifen. Die 120 Familien, die 1946 in dem Dorf lebten, mussten es innerhalb von drei Wochen verlassen, da die Briten das Areal zum Sperrgebiet erklärten und das Dorf für Schießübungen, unter anderem mit Artillerie, nutzten. Später errichteten die Belgier etliche Kulissenhäuser auf den Ruinen, um der Häuserkampf zu üben. Dieses Kunst-Dorf ist heute noch zu besichtigen. Es geht eine eigenartige Atmosphäre von den steril und unecht wirkenden Häusern aus. So spiegelt Vogelsang nicht nur die Geschichte des Nationalsozialismus, sondern auch die Jahrzehnte des Kalten Kriegs zwischen Ost und West wider.

Monumentale NS-Skulptur

Zwei ausgeschilderte Geländerundgänge bieten sich an, die vom Besucherzentrum am Forum Vogelsang IP (ehemaliger „Adlerhof") beginnen und dorthin auch wieder zurückführen. Alle für die Geschichte des Ortes bedeutsamen Punkte und Gebäude sind über diese beiden Wege erschlossen. Im Rahmen von Gästeführungen können auch Innenräume besichtigt werden, etwa die „Burgschänke", das „Kamerad-

Unterkunftshäuser unterhalb der Burg

schaftshaus Nr. 5", der Turmbereich mit dem ehemaligen Hörsaal. Der Besuch der Dauerausstellung „Bestimmung: Herrenmensch" ist auch ohne Gästeführung möglich.

Info

Lage: Der Vogelsang IP liegt inmitten des Nationalparks Eifel knapp 50 Kilometer südöstlich von Aachen.

Adresse: Vogelsang 70, 53937 Schleiden

Website: *vogelsang-ip.de*

HINWEIS: Das „Kulturkino Vogelsang IP" stellt eine architektonische Preziose dar: Der ursprünglich als Truppenkino für die belgischen Soldaten errichtete Raum mit seinen 850 Sitzplätzen ist einer der wenigen komplett erhaltenen Kinosäle aus der Rock'n'Roll-Ära. Originale Sessel, ein Orchestergraben und mit Kunstleder bespannte Wände, die von Kupferlampen in Szene gesetzt werden, machen den Saal nahezu einzigartig.

47 Stehengebliebene Zeit

KRONENBURG

Kaum zu glauben, dass es so etwas in Deutschland noch gibt: Ein Dorf wie im Mittelalter. Kein Neubau und kein Auto stören den historischen Ortskern. Das geschlossene Ortsbild fügt sich harmonisch in die umliegende Kulturlandschaft ein. Selten gewährt ein Dorf einen so unverstellten Blick auf eine spätmittelalterliche Burgsiedlung.

Kronenburg liegt auf 560 Meter Höhe

Der Ort verdankt seine Entstehung der Tatsache, dass von diesem strategisch günstigen Punkt auf 560 Meter Höhe aus das gesamte Obere Kylltal beherrscht werden konnte. Um die Burg entstand eine winzige Siedlung, die aber über Mauern, Tore und Stadtrechte verfügte. Burg und Ort sind auf einem ovalen Bergsporn errichtet, der mit dem anschließenden Gelände nur über einen schmalen Sattel verbunden ist. An der schmalsten Stelle liegt das nach Kriegszerstörung 1945 wiederaufgebaute Nordtor mit der hier ansetzenden Ringmauer, die den gesamten alten Ortskern umgibt. Außerhalb der Mauer fällt das Gelände steil nach allen Seiten ab. Der 1969 angelegte Aufgang zur Burg verfälscht ein wenig den Eindruck des hier ursprünglich unzugänglich aufragenden Burgfelsens. Dafür hat man heute einen bequemen Zugang zur Burgruine auf dem Felsplateau.

Die erste urkundliche Erwähnung der Edelherren von Kronenburg geht auf das Jahr 1277 zurück, aber schon 1414 war mit dem Aussterben des Geschlechts Kronenburgs Zeit als selbstständige Residenz zu Ende. Die Burgruine aus jener Zeit über dem Dorf zeugt von der großen Zeit Kronenburgs. Von hier aus bieten sich hinreißende Ausblicke über das Kylltal mit dem Kronenburger Stausee und das weite Land.

Das Burghaus unterhalb des Burgfelsens löste die Burg als Verwaltungssitz und Herrschaftssymbol ab und diente dem Amtsverwalter J. Faymonville von 1769 an auch als Privatwohnung. Später wurde es ein Hotel, das so prominente Gäste wie Bundeskanzler Konrad Adenauer und Prinzessin Caroline von Monaco beherbergte. Kronenburg geriet unter verschiedene Herrschaften, war sogar mal eine spanische und im 19. Jahrhundert auch eine mecklenburgische Exklave mitten in der Eifel.

Das Burghaus ist heute ein Hotel

In dem Dorf lebten ursprünglich Bauern und Handwerker, die den Schutz der Burg und der Mauern genossen und dafür den Burgherren zu Diensten verpflichtet waren. Der heutige Mauerumfang war im 15. Jahrhundert fertig gestellt und wurde später nur noch geringfügig verändert.

Eine wichtige Attraktion Kronenburgs ist die Pfarrkirche St. Johannes. Ihr bedeutender spätgotischer Kirchenraum zeichnet sich durch eine einzige Stütze aus. Sie ist damit eine Besonderheit im Eifelraum, von der es nur ein gutes Dutzend gibt. Jenseits der Eifel sind Einstützenkirchen noch seltener. In Deutschland ist diese besondere Gestaltung eines Kirchenraums durch den Universalgelehrten Nikolaus von Kues eingeführt worden. Die Kirche in dem von ihm gestifteten Cusanus-Stift in Bernkastel-Kues an der Mosel gilt als erstes Beispiel dafür.

Unterhalb der Stadtmauer befindet sich ein Lehrerfortbildungsinstitut des nordrhein-westfälischen Kultusministeriums. Der Gebäudekomplex wurde 1931 von dem Maler Werner Peiner zu einem Wohnhaus und Atelier umgebaut. Von der Düsseldorfer

Kunstakademie zum Professor für Monumentalmalerei berufen, gründete Peiner 1936 in Kronenburg eine Landesakademie als Außenstelle der Kunstakademie. Für die Nationalsozialisten galt Peiner als Prototyp des „Germanischen Malers". Er wurde neben Arno Breker zum wichtigsten Staatskünstler des Dritten Reichs.

1937 übernahm Hermann Göring die Schirmherrschaft über Peiners Institut und ließ es zur „Hermann-Göring-Meisterschule für Malerei" erweitern. Hier entstanden Monumentalgemälde, die den Herrschaftsanspruch der Nationalsozialisten visualisierten; sie dienten der Ausstattung von Repräsentationsbauten in Berlin wie der Neuen Reichskanzlei oder dem Auswärtigen Amt. Propagandaminister Joseph Goebbels, SS-Chef Heinrich Himmler und Albert Speer besuchten Kronenburg. Die von Werner Peiner entworfenen Straßen- und Hauslaternen sind noch heute in den Kronenburger Gassen zu sehen. Die heutige Lehrerfortbildungseinrichtung in dem Gebäude gibt es seit 1952.

Die frühere „Hermann-Göring-Meisterschule"

Lage: Kronenburg liegt etwa acht Kilometer nordwestlich von Jünkerath. Es ist Ortsteil der Gemeinde Dahlem.

Info

Websites:

- *nordeifel-tourismus.de/kulturzeit/historische-ortskerne/kronenburg*
- *igkronenburg.de*

Einkehren: Schlosshotel, Villa Kronenburg, Eifelhaus und Café Zehnscheune innerhalb der Mauerrings

48 Gefiederte Stars

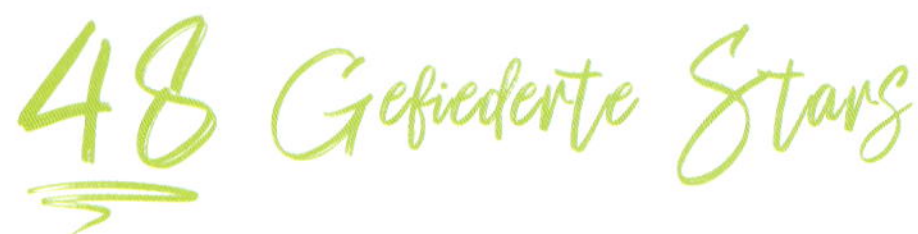

GREIFVOGELSTATION UND WILDFREIGEHEGE HELLENTHAL

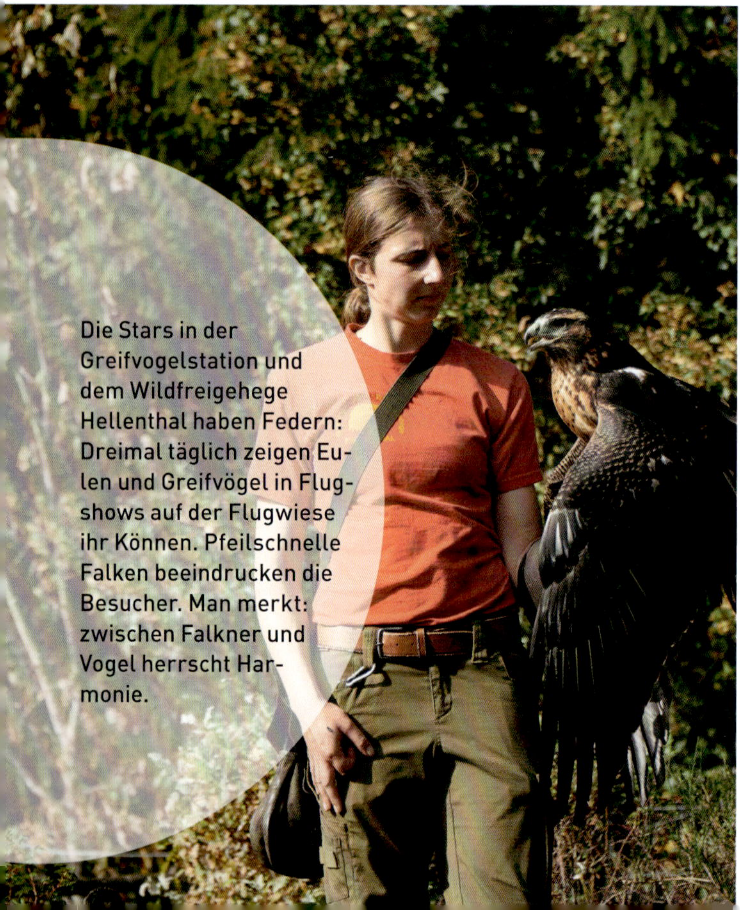

Die Stars in der Greifvogelstation und dem Wildfreigehege Hellenthal haben Federn: Dreimal täglich zeigen Eulen und Greifvögel in Flugshows auf der Flugwiese ihr Können. Pfeilschnelle Falken beeindrucken die Besucher. Man merkt: zwischen Falkner und Vogel herrscht Harmonie.

Der König der Lüfte fliegt

Ganzjährig finden die Flugshows mehrmals täglich statt; es empfiehlt sich, frühzeitig an der Flugwiese zu sein, denn die Vorführungen sind Hohepunkte eines Besuchs in dem Gehege und ziehen Groß und Klein an. Wer mag, kann sich anschließend noch mit einem der stolzen Vögel auf dem Arm fotografieren lassen.

Flugshow

Der 1967 gegründete private Wildpark umfasst 65 Hektar und beherbergt vor allem – aber nicht nur – einheimische Tierarten, die in ihrer natürlichen Umgebung präsentiert werden: Rotwild, Damwild, Rehwild, Sikawild, Schwarzwild, Muffel, Auerochse, Luchs und Wildkatze. Die Greifvogelstation hat international schon mehrfach durch Zuchterfolge von sich reden gemacht. Auch exo-

Auch Damwild ist zu erspähen

tische Greifvogelarten wie Schreiseeadler, Weißkopfseeadler, Wüstenbussard, Kondor und Blaubussard sind hier zu bewundern. Gerne berichten die Falkner davon, warum der Weißkopfseeadler das amerikanische Nationaltier geworden ist und nicht der zu Thanksgiving gern verspeiste Truthahn.

Auf einer Streichelwiese können Kinder behutsam an flauschige Vierbeiner herangeführt werden. Der Besuch im Gehege in Hellenthal ist daher auch Familien zu empfehlen. Ein Spielplatz, Einkehren und eine Fahrt mit dem „Adlerexpress" über das weitläufige Gelände runden den Aufenthalt ab. Die Ökologie wird bei den Hellenthaler Tierfreunden groß geschrieben: Auf dem Gelände gibt es Streuobstwiesen mit alten Obstsorten, die früher typisch für die Eifel waren, leider aber vielerorts verschwunden

Wilkdkatze

sind. In dem Wildfreigehege werden diese ökologisch besonders wertvollen Wiesen von einem speziell ausgebildeten Baumwart gepflegt. Auch solche Experten sind selten geworden. Bis in die 1940er-Jahre waren sie oft in der Eifel anzutreffen. Heute stehen wieder einige mit Rat und Tat für den Erhalt der uralten Streuobstwiesentradition zur Verfügung.

Info

Lage: Der Wildpark Hellenthal liegt etwa acht Kilometer südwestlich von Schleiden.

Adresse: Wildfreigehege 1, 53940 Hellenthal

Website: *greifvogelstation-hellenthal.de/index.php/de*

Einkehren: Auf dem Gelände des Wildfreigeheges gibt es das Restaurant „Zum Adler" und den Imbiss „Waldschänke"; *greifvogelstation-hellenthal.de/index.php/de/gastronomie-greifvogelstation-hellenthal*

Aktivitäten:

- Sieben Kilometer südöstlich des Wildfreigeheges liegt die Burg Reifferscheidt. Wer nach der Flugvorführung der Greifvögel dem Mittelalter nachspüren will, also einer Zeit, in der die Falkenjagd besonders beliebt war, ist auf der Burgruine richtig. Hier stand einst eine für die Eifel typische Höhenburg. 1106 wurde die Burg erstmals erwähnt. Der Ort Reifferscheid ist durch die Gemälde von Fritz von Wille ein malerischer Inbegriff der Eifel. *eifel.info/a-burg-reifferscheid-1*
- Die dem Wildgehege benachbarte Oleftalsperre lädt zu einer Wanderung ein. 13 Kilometer lang ist der Weg um das Staubecken. Die Route direkt am See bietet für Wanderer und Radfahrer immer wieder schöne Ausblicke. Führungen an der Staumauer bietet der Wasserverband Eifel-Rur nach Bedarf an. *server.wver.de/index.php/talsperren/oleftalsperre*

49 Tief unter der Erde

BESUCHERBERGWERK GRUBE WOHLFAHRT

Wahrscheinlich haben schon die Kelten und Römer in der Eifel nach Erzen geschürft, Metall gewonnen und weiterverarbeitet. Später wurde systematischer und vor allem tiefer nach den wertvollen Rohstoffen gegraben. Die Grube Wohlfahrt bietet einen authentischen Blick in diese Erzgewinnung früherer Zeiten. Mit Unterbrechungen war sie bis 1940 in Betrieb.

Ausstellungsraum

Lange vor dem Ruhrgebiet und dem Saarland war die Eifel eine Industrieregion. Die Wurzeln der deutschen Montanindustrie liegen auch hier. Davon zeugen einige Besucherbergwerke in der Eifel, die Einblick in die harten Arbeitsbedingungen unter Tage in vergangenen Jahrhunderten geben. Ein wichtiger Aspekt der Eifelgeschichte wird auf diese Weise wachgehalten.

In der Grube Wohlfahrt wurde Bleierz abgebaut, das etwa zum Färben von Tonwaren Verwendung fand. Zuweilen ist dem Bleierz auch Silber beigemischt, was den Abbau noch attraktiver machte – in der Grube Wohlfahrt war dies aber nicht der Fall. Der Bergbau an dieser Stelle ist urkundlich seit dem Jahr 1543 belegt, zunächst oberflächennah oder in kleinen Schächten bis zum Grundwasser. Erst nach der Französischen Revolution Ende des 18. Jahrhunderts stieß man tiefer vor – die Dampfmaschine und moderne Abbaumethoden machten es möglich.

Ablagerungen an der Stollenwand

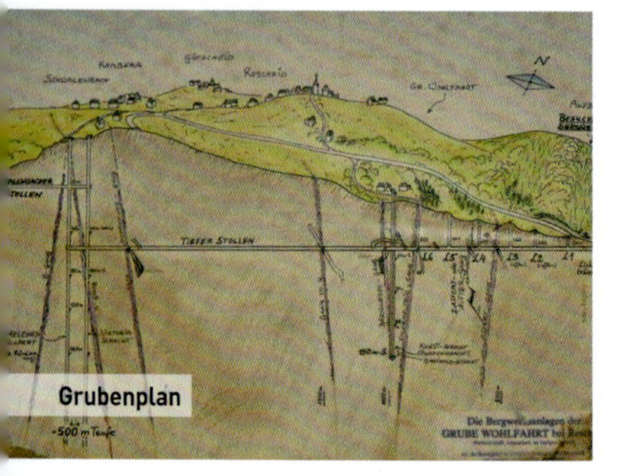
Grubenplan

Eigentlich besteht die Grube Wohlfahrt aus zwei Teilen, den Betriebsteilen Wohlfahrt und Schwalenbach, die durch einen 2,5 Kilometer langen Stollen miteinander verbunden sind. Dieser „Tiefe Stollen“ wurde später für eine elektrische Grubenbahn erweitert und hatte eine wichtige Entwässerungsfunktion. Bis zur Stilllegung 1922 baute man Erz bis in rund 480 Meter Tiefe ab. 1936 wurde das Bergwerk reaktiviert, aber schon 1940 mangels ausreichender Ausbeute endgültig aufgegeben. Lange Zeit verwahrlost, begannen 1985 Mitglieder des Heimatvereins Rescheid zusammen mit Wissenschaftlern der RWTH Aachen, die Grube neu zu erschließen. Nach Abschluss der Restaurierung steht sie seit 1996 als Besucherbergwerk der Öffentlichkeit offen.

Bei der etwa anderthalbstündigen Führung auf einer Strecke von 800 Metern im Tiefen Stollen kommt der Besucher an mehreren alten Lichtlöchern, orangefarbenen Sinterterrassen und Abzweigungen vorbei, die einen so kleinen Durchmesser haben, dass man einen plastischen Eindruck von der elenden Arbeit in diesen winzigen Stollen bekommt. Höhepunkt ist ein 320 Millionen Jahre alter versteinerter Strand, als die Eifel noch ein flaches tropisches Randmeer war. Auch einige Versteinerungen sind an den Wänden des Stollens zu sehen, durch den beständig das Wasser eines Bachs plätschert. Gegen Ende der Führung zeigen die Gästeführer den Besuchern Graffiti von Bergleuten, aus dem 19. Jahrhundert, die in Arbeitspausen Porträts und Wörter in das Gestein gekratzt haben.

Sinterterrassen

Die Führung beginnt im Grubenhaus, wo im ersten Stock eine kleine Ausstellung auf den Gang in die Tiefe beziehungsweise die „Einfahrt", wie die Bergleute sagen, vorbereitet. Im 150 Meter entfernt gelegenen „Huthaus" gibt es dann einen Helm, denn zuweilen muss man sich im Tiefen Stollen bücken. Im Stollen selbst sind es sommers wie winters um die acht Grad. Es empfiehlt sich also warme Kleidung und in jedem Fall feste Schuhe.

Lage: Das Besucherbergwerk Grube Wohlfahrt liegt zwischen Reifferscheid und Schwalenbach, etwa 50 Kilometer südlich von Düren.

Adresse: Aufbereitung II Nr. 1, 53940 Hellenthal-Rescheid

Website: *grubewohlfahrt.de*

Aktivitäten:

- Führungen durch die Grube Wohlfahrt finden täglich statt. Eine Anmeldung wird empfohlen. *grubewohlfahrt.de/seite/545182/standard-führungen.html*
- Zehn Autominuten entfernt liegt das Freizeitgebiet Weißer Stein. Es handelt sich um einen 690 Meter hohen Berg, über den die deutsch-belgische Grenze verläuft. Der Weiße Stein ist die höchste Erhebung des linksrheinischen Teils von Nordrhein-Westfalen. In der kalten Jahreszeit ist es ein beliebtes Wintersportgebiet mit einer 350 Meter langen Rodelstrecke und mehreren Loipen. Im *Donnerwetter.de*-Wetterpark gibt es Einblicke rund um Wetter und Klima. In einer Ausstellungshalle erfahren Besuche, wie Wetterphänomene wie Gewitter oder Hurrikane entstehen. Im Außengelände erläutern mehr als 30 Tafeln die Funktionen von Messgeräten. Das Parkgelände kann nach Absprache besichtigt werden. *wetterpark-weisser-stein.de*

50 Kraftort und Wallfahrtsstätte

KLOSTER STEINFELD

Weil über die Anfänge der heutigen Klosteranlage nicht viel bekannt ist, erzählt man sich die Legende von einem gewissen Sibido von Are, der auf seinen Gütern ein Kloster errichten lassen wollte. Den Teufel führte er hinters Licht, indem er behauptete, das Gebäude werde ein Lustschlösschen. Erst als das Kreuz aufgerichtet wurde, erkannte der Teufel, dass man ihn betrogen hatte und kehrte unter Fluchen und Verwünschungen in seine Hölle zurück.

Seit mehr als 1000 Jahren ist die hügelige Hochebene zwischen Gillesbach und Kuttenbach bei Kall ein besonderer Kraftort. Hier konnte sich über Jahrhunderte Spiritualität entfalten und tut es immer noch.

Historisch verbürgt ist, dass der Kölner Erzbischof Friedrich I. in einer Urkunde von 1121 eine Schenkung Graf Theoderichs von Are bestätigte. Darin heißt es, das Kloster sei von dessen „Vorfahren" errichtet worden. Es muss also schon ein paar Generationen vorher existiert haben. 1184 stieg der Vorsteher der dort lebenden Prämonstratensern vom Prior zum Abt auf, damit wurde das Kloster eine Abtei. Sein Lehnsherr war der Kölner Erzbischof. Kloster Steinfeld war für die Seelsorge in der Region Steinfeld, Schleiden, Reifferscheid und Wildenburg zuständig und entwi-

Klosterkirche

ckelte sich zu einem spirituellen und kulturellen Zentrum für die gesamte Nordeifel. Heute ist es eine der bedeutendsten Kunststätten überhaupt in der Eifel und in seiner Gesamtanlage eines der besterhaltenen klösterlichen Baudenkmäler im Rheinland. Was die Vollständigkeit seiner baulichen und kunsthistorischen Elemente angeht, so nimmt Steinfeld sogar eine einzigartige Stellung in ganz Westdeutschland ein.

Das lag daran, dass es nie zerstört wurde. Sogar die Franzosenzeit Anfang des 19. Jahrhunderts überstand es, weil die Klosterkirche zur Pfarrkirche herabgestuft und deshalb nicht abgerissen wurde. 1853 richteten die neuen preußischen Herren im Rheinland hier eine „Erziehungs- und Besserungsanstalt" ein, die erst von Trierer Borromäerinnen und dann von Salvatorianerinnen betreut wurde. 1923 gründete dann der männliche Zweig des Salvatorianerordens hier seine erste deutsche Niederlassung.

Die Mitte des 12. Jahrhunderts vollendete Klosterkirche, eine der frühesten Gewölbekirchen in Deutschland, ist eine dreischiffige Basilika im romanischen Stil. Anders als in vielen anderen romanische Kirchen wird ihre architektonische Schwere von einer prachtvollen gotischen Gewölbemalerei und einer feierlichen Barockausstattung aufgehoben. Wer die Kirche betritt, ist von diesem unerwarteten Kontrast überrascht. In der Mitte des Kirchenschiffs befindet sich ein barockes Hochgrab aus Urfter Marmor mit einem Aufsatz aus Alabaster. Hier liegt der Heilige Hermann Josef begraben, Patron der Mütter, Kinder und Uhrmacher. Der Mitte des 12. Jahrhunderts in Köln geborene Prämonstratenserpriester und Mystiker wirkte als Seelsorger in Steinfeld und wurde 1958 heiliggesprochen. Den Antrag auf

Blick ins Innere der Klosterkirche mit opulenter Barockausstattung

Heiligsprechung hatte der Kölner Erzbischof allerdings schon 1626 gestellt. Die Mühlen im Vatikan malen langsam ... Hermann Josefs Grab ist stets mit frischen Äpfeln geschmückt. Nach einer Legende soll er dem Jesuskind der Muttergottes in der Kirche St. Maria im Kapitol zu Köln einen Apfel angeboten haben, den es angenommen habe. Vermutlich hieß der Heilige ursprünglich nur Hermann. Weil er von einer tiefen Marienfrömmigkeit beseelt war, hatte er im Altarraum der Kirche eines Nachts eine Vision, in der er mystisch mit Maria vermählt wurde. Daher stammt sein zweiter Name Josef.

Kloster Steinfeld ist wegen Hermann Josef ein wichtiges Pilgerziel. Die Wallfahrt zum Grab des Heiligen ist seit den 1830er-Jah-

ren nachgewiesen. Sie findet vor seinem Namenstag am 21. Mai statt. Neueren Datums ist hingegen das Pilgerfrühstück, zu dem die Pilger an den jeweils neun Dienstagen vor dem 21. Mai eingeladen werden.

Die Salvatorianer engagieren sich heute in Steinfeld nicht nur als Seelsorger und als Lehrer am angeschlossenen Gymnasium mit seinen rund 700 Schülern, sondern sie betreiben auch eine

Grab des Heiligen Hermann Josef

Akademie und ein Gästehaus. Eine von dem Orden gegründete Stiftung soll das spirituelle und kulturelle Leben in der Abtei fördern. Dazu gehören auch Konzerte, die das ganze Jahr über regelmäßig im Kloster Steinfeld stattfinden.

Info

Lage: Das Kloster Steinfeld liegt knapp sieben Kilometer südlich von Kall und 40 Kilometer südlich von Düren.

Adresse: Hermann-Josef-Straße 4, 53925 Kall

Website: *kloster-steinfeld.de*

Aktivitäten:

- Eifelsteig: fünfte Etappe von Gemünd nach Kloster Steinfeld, sechste Etappe von Kloster Steinfeld nach Blankenheim; *eifelsteig.de/a-eifelsteig-etappe-5* und *eifelsteig.de/a-eifelsteig-etappe-6*
- Kaum fünf Autominuten vom Kloster Steinfeld entfernt hätte sich die Landesregierung von Nordrhein-Westfalen im Fall eines Krieges der NATO mit dem Warschauer Pakt in einen Bunker zurückgezogen, um auch unter atomaren Bedingungen die Handlungsfähigkeit des Bundeslands aufrechtzuerhalten. In dem ehemaligen Bunker, der in den 1990er-Jahren außer Betrieb genommen wurde, befindet sich heute die „Dokumentationsstätte ehemaliger Ausweichsitz der Landesregierung NRW". Ein abgelegenes, unscheinbares Haus und mehrere Garagen an einem Hang über dem Gillesbach bilden den Eingangsbereich zu der Anlage, in der immer wieder unter strengster Geheimhaltung der Ernstfall geübt wurde. Das Haus wird von der Familie Röhling bewohnt, die Führungen durch den Bunker anbietet. Eine Anmeldung ist unbedingt erforderlich. Da die Temperatur in der Anlage nur rund sieben Grad beträgt, wird warme Kleidung empfohlen. Am Gillesbach 1, 53925 Kall-Urft, *ausweichsitz-nrw.de*

Das kleine
Wörterbuch
Grube Wohlfahrt

Das kleine Wörterbuch

Aufgrund der vielen Variationen des Eifeldialekts kann das nachstehende Wörterbuch nur eine Idee des hier gesprochenen Platts vermitteln. Ein und derselbe Begriff kann im nächsten Dorf oder gar im Norden beziehungsweise im Süden schon ganz anders heißen oder zumindest anders ausgesprochen werden.

Aavstännisch sein – hungrig sein
Auhe – Uhr

Bätsche – tratschen
Binne, Beije – Biene
Blos mech obet Hööt – Umschreibung des Zitats von Götz von Berlichingen
Bösch – Wald

Dappes – Tölpel
Deen do mooss ous menger Eck kommen – Du musst aus meiner Gegend kommen
De Schnüs schwade – schwadronieren
Ditzje – Baby
Döwelsdier – freches Mädchen
Donnajissnomoal – Wenn man sich über etwas ärgert

En janze Häd – jede Menge
En Joode – Guten Appetit
Esch jelöw, dir spillt öt! – Ich glaube, bei dir piept's!

Fill Jerööß – Viele Grüße
Früscht – Getreide
Fuckesch sein/Fuck hänn – Geschick haben

Gehäichnis – Heimat
Grangele – quengeln
Grünschele – basteln, herumwerkeln

Halfgehang – dünner Mensch
Hepp – zurück
Heupääd – Heuschrecke
Hosse – Strümpfe, Socken

I

Impere – Himbeere

J

Jaate – Garten
Jeschnuggels – Süßigkeiten
Jetiert – angezogen, fertig gemacht
Joode Honger – Guten Appetit
Juppe – Jacke
Juten Tach – Guten Tag

K

Kabuff – kleines Zimmer
Kemmejer Platt – Hochdeutsch
Kes – nie
Knisdesch – geizig
Krampe – Kleiderhaken

L

Losset de schmecke – Guten Appetit

M

Manchestebotz – Cordhose
Majusebetter – Ausruf der Verwunderung
Möhnepitter – Frauenversteher
Moodedier – Kuh
Morje – Morgen

N

Nickel – Schelm
Norscht – Gute Nacht
Nowend – Guten Abend

O

Öllesch – Öl
Oozt – bösartige Frau

P

Paraplü – Regenschirm
Pääd – Pferd
Pittelaafhutesch – Durchfall
Plückprumm – Pfirsich
Plümmp – Bettdecke
Plotz, Puddel – Pfütze

Quellmänner – Pellkartoffeln

R

Rähn – Regen
Röckepein – Rückenschmerzen

Schänne – schimpfen
Schnorkse – schnarchen
Schrabnell – geizige Frau
Schanditz – Polizist
Seddech – vorsichtig
Sesch tommele – sich beeilen
Stekum – heimlich
Stiwwel – Durcheinander

T

Tohbatt – ungeschickter Mensch
Trär-Dar! – Es ist genug!

U

Urze – Essensreste

Verhööft sein – verlegen sein
Vezell – Unterhaltung, Schwätzchen
Vürwetznas – neugieriger Mensch

Weißbänner – Maler, Anstreicher
Witze – schmollen
Wouscht – Wurst

Ze Schlach kunn – zurechtkommen
Zöbäscht on jenoch – mehr als genug

Bildnachweis:
Alle Bilder von Gabriele Nohn-Steinicke, außer Alexa Christ S. 132, 133 | Dr. André Uzulis S. 13, 102, 109 | Dr Bernd Gross, CC BY-SA 4.0 S. 21 | Frank Vassen CC BY 2.0 Deed S. 196 | Günter Hentschel CC BY-ND 2.0 Deed S. 236o | Huhu Uet, CC BY-SA 3.0 S. 69 | Karten – Mapcreator.io, OSM.org, ©DLR, ©Airbus Defense and Space, ©Copernicus S. 26, 27, 31, 77, 117, 159, 179, 203 | onnola CC BY-SA 2.0 Deed S. 20 | pxhere.com S. 23 | ShareAlike License S. 236u